火线特工
谁将刺杀奥巴马

〔美〕罗纳德·科斯勒 (Ronald Kessler)　著　阚萌萌　译

重庆出版集团　重庆出版社

IN THE PRESIDENT' S SECRET SERVICE by Ronald Kessler

Copyright © 2009 by Ronald Kessler

All rights reserved.

Simplified Chinese Edition Copyright © 2010 **Grand China Publishing House**

This translation is published by arrangement with Crown Business, a division of Random House, Inc. through Andrew Nurnberg Associates International Limited.

All rights reserved.

No part of this publication may be used or reproduced in any manner whatever without written permission except in the case of brief quotations embodied in critical articles or reviews.

版贸核渝字 (2010) 第004号

图书在版编目（CIP）数据

火线特工 / 〔美〕科斯勒著；阚萌萌译. —重庆：重庆出版社，2010.3
ISBN 978-7-229-01854-2

Ⅰ.①火… Ⅱ.①科… ②阚… Ⅲ.①总统－保卫工作－美国－通俗读物 Ⅳ.①D771.236-49
中国版本图书馆CIP数据核字(2010)第016601号

火线特工
HUOXIAN TEGONG
〔美〕罗纳德·科斯勒　著
　　　　阚萌萌　译

出　版　人：罗小卫
策　　　划：中资海派·重庆出版集团科技出版中心
执行策划：黄　河　桂　林
责任编辑：温远才　刘思余
版式设计：洪　菲
封面制作：张　英　薛　松

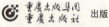 重庆出版集团
重庆出版社　出版
（重庆长江二路205号）

深圳市彩美印刷有限公司制版　　印刷
重庆出版集团图书发行有限公司　发行
邮购电话：023-68809452
E-MAIL: fxchu@cqph.com
全国新华书店经销

开本：787mm×1092mm　1/16　印张：15　字数：230千
2010年3月第1版　2010年3月第1次印刷
定价：32.00元

如有印装质量问题，请致电023-68706683

献给亲爱的帕姆、格雷格和瑞秋·科斯勒

推荐序

谁在刺杀美式民主

2009年,以擅于描写政治题材著称的美国著名作家罗纳德·科斯勒推出了他的新书《火线特工》。印象里,罗纳德·科斯勒的著作此前只有两部引进到了中国,一本是《世界首富:阿德南·卡索吉传》,一本是《肯尼迪王朝》。这两本书基本囊括了其系列作品中最常见的元素:国家机器、权力人物、政治、权力机构和危机。在他迄今为止出版的18部著作中,这些元素一直贯穿始终。

作为《纽约时报》的畅销书作者,科斯勒从未写过一本小说,他的作品更类似于报告文学,通过大量的事实查证和一手访谈,抽丝剥茧地解析一桩桩政治秘闻。这种写作方式可能和他的记者生涯有关,科斯勒曾在《波士顿先驱报》、《华尔街日报》和《华盛顿邮报》担任调查记者,目前是新闻网站Newsmax的驻华盛顿首席记者。他的职业身份让他有大量机会深入一线,近距离观察形形色色的政治人物以及CIA、FBI等机构的运作方式,接触大量常人难以知晓的机密文件。从1985年开始,他的每一部作品面世都能引起轰动,其中《战时CIA》、《FBI秘史》、《莫斯科火车站》、《国会内幕》等著作均高居畅销榜榜首,《国会内幕》甚至在美国国会内部引起极大恐慌,因为书中用诸多事实揭露了国会的腐败和权力滥用,国会甚至专门召开会议讨论如何消除此书的影响。

整个20世纪90年代,科斯勒的作品都偏向于描写冷战时期的美国政治运作。2000年以后,特别是"9·11"事件之后,他的作品更多地和美国的全球反恐行动联系在一起，这本《火线特工》也是这一写作思路的延续。

《大西洋月刊》曾统计过，在美国历史上，除第二任总统约翰·亚当斯之外，历任总统都曾遭遇过刺杀威胁。这并没有言过其实，在著名的美剧《白宫群英》中，制片人兼编剧阿隆·索金特意给马丁·辛扮演的民主党总统巴特勒安排了一场被刺杀的戏。在动笔之前，阿隆·索金曾犹豫不决，担心这一情节太过戏剧化。他就此征求剧组的顾问——前白宫新闻发言人迪迪·迈尔斯和前白宫幕僚长里昂·潘尼达的意见，两人回答他，这一点不戏剧化，总统每天都有可能遇到此事。

从林肯到肯尼迪再到里根，历任美国总统遇刺的背后都有不为人知的内幕和细节。它们往往被强行封锁，外人无从知晓，但并不妨碍人们对此的探究和猜想。以总统被刺为主题的小说和影视作品为数众多，如《刺杀肯尼迪》、《24小时》、《火线》等，但大多建立在想象上。《火线特工》是此类题材的第一部纪实性作品，只有科斯勒这样的资深记者才能让当事人娓娓道来，还原那些鲜活和真实的细节。作为本书的主角，美国总统、白宫、特勤局特工都在科斯勒的笔下脱去神秘的外衣，读者可以在100余名火线特工的现身说法下深入白宫西厢，了解这里曾经发生过而又不为人知的故事。这些故事往往比虚构作品更加充满戏剧性。

科斯勒的作品从来就不是单纯的政史秘闻，他一直为每一本作品寻找它在当下的意义。从托马斯·杰斐逊倡导《权利法案》开始，美国的人权保障和民主制度基本成形，美国总统也随之成为美国人的民主象征。科斯勒动笔写作本书是2006年，那一年正是美国民主遭遇重大挫折的时候，但让民主遇挫的恰恰是美国总统——布什政府颁布《爱国者法案》、划定"言论自由区"（公民不得在总统所到之处示威）等举措让民主制度和人权陷入极大的倒退当中，连"三权分立"都一度受到冲击。科斯勒试图借本书告知读者，美国民主如同历任总统一样，一直都和危机如影随形，能够发展到今天，实属不易，事实上它面临的威胁比美国总统的更多。

胡尧熙
《新周刊》主任编辑

倾力推荐

　　人类社会结构中最顶层人物的生活细节，在历史各个时代一直为各阶层市民所津津乐道，当今也不例外。罗纳德·科斯勒作为《纽约时报》畅销书作家，选择总统的秘闻这一点来满足大众的窥视欲，无疑是聪明绝顶的。

——《中国图书商报·中国阅读周刊》主编　张维特

　　小布什执政时期，为了提高曝光率，特勤局局长苏利文打破了特勤局多年来的绝对沉默政策，这可让《火线特工》作者罗纳德·科斯勒一饱耳福，有100多位现任和前任特工开口向他讲述"背后的故事"。但是，科斯勒并没有运用这些信息写出一本严肃的书籍，相反，书中全是特工们肚子里关于历任总统最有料的八卦消息，令读者大呼过瘾！

——《华盛顿邮报》

　　在《火线特工》这本出色的曝光式作品中，罗纳德·科斯勒刺探了联邦特工任务背后的秘密和被特勤局保护的VIP人物的惊天秘闻。整本书语言诙谐轻松，文笔生动活泼，更重要的是——见解深刻。

——《今日美国》

　　《火线特工》这本书太棒了，我用了两天时间，一口气就把它读完了。要知道，在这本书问世之前，你所读到的所有文字可都是绝密信息。

——读者 迈克·P.

我曾在特勤局工作过 12 年,作为特工这个特殊群体中的一员,我对《火线特工》中的总统秘闻也略知一二。这本书实在是精彩,内容翔实,很有代入感和阅读的快感,对广大政史爱好者来说,确实是一场饕餮的文字盛宴。

——读者 厄尔·R.克拉奇

《火线特工》确实很精彩,我在杂志上看到介绍之后,立马购买了本书。可读完之后,我有点愤怒,科斯勒对美国安保系统的描写太过细致了,奥巴马很可能因为这本书被谋杀!

——读者 雪莉·R.弗洛里安

在这本酣畅淋漓的书中,科斯勒赢得了特工们的信任,让他们抖出众多白宫秘闻。如果你是个政史秘闻爱好者,那就绝对不要错过《火线特工》这本"爽快"的好书。

——读者 威廉·G.斯特劳布

前 言

胜利的一刻终于到来了！

新任总统和第一夫人在万众瞩目下，微笑着向民众问好，人群中的每一双眼睛都在注视着他们。当然，也有人从不关注他们。那就是保护在总统身旁，和他们一起走过宾夕法尼亚大道，进驻总统府的"黑衣人"。他们总是高度紧张地观察着人群的动向。

即便气温只有零下2摄氏度，特工们也从不系上西服扣子。他们的双手总是看似放松地交叉在胸前，事实上却总是保持着高度警惕，在任何情况下，都能以迅雷不及掩耳之势伸到西服内的枪夹，拔出西格绍尔P229手枪，展开紧急安保行动。电视上经常会播放这样的镜头：一列长长的车队正缓缓前行，当然，总统阁下就坐在其中的某一辆里。有时，镜头中会闪过这样的身影：在建筑物顶端随时待命的反狙击精英，他们无声地观察着眼下发生的一切。然而，我们能看到的这些镜头，仅仅是秘密策划了几个月的安保措施的冰山一角而已。

当新任总统奥巴马和夫人米歇尔踏出他们的座驾——那辆被称为"猛兽"（the Beast）的豪华轿车时，特勤局反突袭小组早已在那秘密等候多时。他们全副武装，配备着全自动斯通纳SR-16步枪和闪光弹，以防任何异常情况的发生。

这些表情冷峻的特工们不会放过任何一丝异常现象。他们时刻警惕着，试图透过表象看到一个事件甚至一个场景背后隐藏着的惊天阴谋。由于特工们都曾宣誓对所见所闻高度保密，所以选民们几乎不可能从他们口中了解到那些高高在上的大人物（总统、副总统、总统候选人和内阁官员们）生活中的真面目。如同一位前特工所说："要是选民们知道了实情，他们可就会'惊声尖叫'了！"

众所周知，特工随时随地都会面临危险，他们可是要替总统挡子弹的！然而，有时候特勤局的某些行动反而会给安保工作带来更多危险，而这些看似微小的失误很可能会造成无法挽回的严重后果——暗杀。

C目 录
ONTENTS

第 **1** 章

监 督
杜鲁门楼下发生的激烈枪战

在就任总统之前，亚伯拉罕·林肯就已经是绑架和暗杀的重点对象。在漫长的内战过程中，他收到过无数的像雪片一样的恐吓信。然而，这位勇敢的总统像许多为自己的祖国服务过的总统一样，置个人安危于度外。林肯先生拒绝他忠实的伙伴为他安排特别的保护措施，也拒绝动用警察和军队实施个人安保。内战快结束时，他终于同意由四位华盛顿警官担任他的保镖，负责他日常的安全保卫工作。

1865 年 4 月 14 日，约翰·威尔克斯·布斯，一个狂热的南方联盟支持者得到消息：那一晚林肯将出席观看在福特剧院上演的一出戏剧。那天当班的保镖是华盛顿警署的帕特里曼·约翰·F.帕克警官。他本来应该全程守在总统的包厢门口，结果他居然先是溜达着去看了看表演，然后又跑到附近的一间酒吧喝酒去了！由于帕克的玩忽职守，林肯，如同一个平民，没有任何的保护措施。

就在晚上 10 点多，布斯找到了林肯所在的包厢，遛了进去，一枪打中了正坐着看戏的总统的后脑。第二天早晨，林肯去世了。

经过了这场血的教训后，对总统的安保措施仍存在很多漏洞。内战结束后的最初一段时间内，由美国陆军部派出了一些士兵保护白宫。在一些特殊场合，华盛顿警署也会派出警力帮忙维护秩序和疏散人群。但是在这一时期，被派到总统身边执行保卫任务的警官由林肯在位时期的 4 个减少到 3 个。这些警官的唯一使命就是保卫白宫，可是，他们并没有为此接受过任何特殊训练。

于是，1881 年 7 月 2 日清晨的华盛顿，在巴尔的摩和波多马克河火车站，詹姆斯·A.加菲尔德总统在无人保护的情况下走进了一间候车室。查尔斯·J.

古提奥从人群中冲出来，先是射中了总统的手臂，而后又在总统的后背留下了致命的一颗子弹。被捕后，古提奥表示他这样做是因为总统拒绝了自己提出的出任美国驻欧洲领事的请求，怀恨在心，所以才伺机报复。

电话的发明者，著名发明家亚历山大·格雷厄姆·贝尔尝试运用他发明的"感应平衡电子探测器"来找到总统背部的子弹。但是由于这个仪器还在试验阶段，尝试失败了。更不幸的是，其他的治疗方法也都没成功。1881 年 9 月 19 日，加菲尔德因伤重不治身亡。

就在这场震惊全国的暗杀之后，对于接任总统切斯特·A. 亚瑟的保护措施仍然没有任何实质性的改进，对于加强总统的安保力度还是存在阻力。这都是由于一个持续了多年，依旧困扰着人们的问题的存在：如何在全面保护国家领导人安全的同时又能保证他们还能够亲近大众呢？

实际上，在加菲尔德暗杀事件后，《纽约论坛报》表示反对增强总统安保力度，其中一篇文章称，美国人不希望自己的总统成为"办公室的奴隶，规章和束缚的囚徒"。

这个存在于政治公开化和领袖安全度之间的冲突，可以回溯到白宫当初的设计理念上去。就像皮埃尔·朗方最初提出并得到乔治·华盛顿批准的那样，白宫要成为一个"总统专属之地"。这个设想中的白宫比我们现在看到的白宫大 5 倍。以托马斯·杰弗逊为首的共和党指斥联邦党的这项提案背离了民主。批评家们谴责这种朝臣和卫兵簇拥着总统的做法是英国君主制的表现。

为打破僵局，杰弗逊向华盛顿总统提议，在全国范围内征集总统府建造方案。华盛顿赞成了这个建议，并最终采用了建筑师詹姆斯·霍本的设计。总统府于 1792 年 10 月 13 日奠基，1797 年外墙被粉刷为白色，人们从此便称之为"白宫"。

鉴于开放性与安全性之间的突出矛盾，特勤局只是在后来才想到要把保护总统纳入其职责范围的做法也就不足为奇了。1865 年 7 月 5 日，刚成立的特勤局是财政部的一个下属部门，其职责是追捕假币制造者。当时的美国，每个州都有自己的货币，分别由 1 600 家银行印制，流通中的货币有 1/3 都是伪造的。普通民众都不知道自己的钱应该长成什么样子。

极具讽刺意味的是，亚伯拉罕·林肯生前最后一次职权行为就是批准

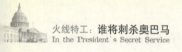

了成立特勤局的法案。第一任负责人是参加过美墨战争的老兵威廉·P.伍德，他是当时的陆军部长埃德温·斯坦顿的朋友，同时也是旧国会监狱的典狱长。

特勤局的第一批追捕目标之一是威廉·E.布罗克韦。他伪造的千元面值国库券达到了乱真的程度，连财政部都赎买了他的75张假券。伍德亲自出马，一直追踪到布罗克韦化名隐居的纽约，并把这位"假币之王"送进了监狱。

到1867年，特勤局基本上已经成功地把假币猖獗的势头打压下去，同时也收获了来自媒体的赞誉。

"那些职业罪犯对特勤局真是闻风丧胆，"《费城电讯报》写道，"特工的追捕行动是无情的，他们真正做到了活要抓人，死要见尸。"

由于特勤局的突出成绩，国会开始委派他们执行更多的案件调查工作，比如针对政府的欺诈活动。1894年，特勤局调查了一起企图暗杀总统格罗弗·克利夫兰的阴谋，这起阴谋的策划者来自科罗拉多州，被称为"西部赌徒、无政府主义者或暴徒"。在紧急情况下，特勤局越权特派了两名调查此案的特工去保护克利夫兰。在那段时间里，这两名特工都驾着一辆轻便马车跟在总统的大马车后面。一些政敌针对此种做法抨击了总统，结果克利夫兰要求撤掉特工们的保护。

可是接下来，写给总统的恐吓信的数量不断增加，克利夫兰夫人出于安全考虑最终说服了他在白宫增加警备力量，负责安保工作的警员从3名增加到27名。1894年，特勤局开始在非正式场合保护总统，包括负责总统出行时的安保工作。

可是这种改善并不能对下一位总统威廉·麦金利的不幸经历产生实质性影响。与林肯和加菲尔德不同的是，被里昂·F.乔尔戈什射杀时，麦金利身边毕竟还是有护卫的。那天是1901年9月6日，麦金利出席了泛美博览会组织者设在纽约州水牛城寺庙音乐厅的招待宴会。数不清的市民像潮水般涌来，他们站在长长的警察和士兵围成的两排人墙后面，试图同总统握手。当28岁的无政府主义者乔尔戈什混进人群中靠近总统，并用那把藏在手帕里的手枪向麦金利连发两枪时，2名特工就站在离总统不到3英尺远的地方。凶手射中了麦金利的胸部和胃部。8天后，总统因血液中毒去世。

然而，直到第二年，也就是1902年，特勤局才正式担负起保护总统的职责。但仍然没有得到成文法律的授权。从 1906 年开始，国会才开始为特勤局的总统保卫职责进行专项财政拨款，但也只是作为年度独立杂项支出的一部分而已。

随着保卫措施的进一步加强，西奥多·罗斯福总统给参议员亨利·卡波特·洛奇写了一封信，在信中他是这样评价特勤局的，"真是扎在肉上的一根小刺，"他写道，"他们是为我抵挡侵犯和排除危险的重要力量。可是，我就不信这些所谓的侵犯能把我给怎么样。即便真有危险，就像林肯说过的一样，'总统要住在笼子里才能安全，可那地方根本就没法工作'。"

历史上，许多暗杀总统的行动并未成功。例如，1835 年 1 月 30 日针对安德鲁·杰克逊总统的暗杀、1912 年 10 月 14 日针对西奥多·罗斯福总统的暗杀和 1933 年 2 月 15 日针对还没有宣誓就职的富兰克林·D.罗斯福的暗杀。即便国会提出了关于将暗杀总统定性为犯罪的审议法案，可是立法部门却迟迟没有行动。白天，普通民众可以在白宫闲庭漫步。事实上，在白宫刚刚开始对公众开放时，就有一个发狂的男人在里面游荡并声称要杀死当时的总统约翰·亚当斯。而亚当斯的解决方式是：把这位先生请进他的办公室聊了聊，不费一兵一卒地熄灭了这愤怒的火苗。

终于，在特勤局的坚持下，白宫于二战时期第一次取消了向公众的开放。一般人要想进入白宫需要提前申请。那时，国会正式通过了组建白宫警察的决议。这些警察的职责就是保卫白宫建筑群和周围场地。1930 年，白宫警察队改名为"制服特工队"，成为特勤局的一部分。这个警察组织现在被称为"白宫特警队"。正如其名字所表达的，这个队伍里的警员们工作时都是穿着制服的。

与白宫特警队不同，特勤局其他特工们穿的是西装。他们的职责是保卫总统和副总统两家人的人身安全，与此同时，他们也要负责保护卸任的前总统、总统候选人和来访的各国元首。当然，在一些具有重要意义的特殊场合，比如总统的就职典礼、奥运会和总统提名大会上，人们也会发现他们的身影。

二战结束时，保护总统的特工人数增加到 37 名。这种提高警戒性的行为，收到了很好的效果。1950 年 11 月 1 日下午 2 点 20 分，两名波多黎各民族主义者试图冲进布莱尔国宾馆，行刺住在那里的哈利·S.杜鲁门总统。

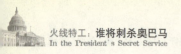
两名暗杀未遂的行刺者：37岁的奥斯卡·柯拉索和25岁的杰斯里奥·特里索拉，希望以行刺的方式来显示波多黎各岛民族独立的决心。

这两位波多黎各人买了几把德国手枪，搭火车从纽约到了华盛顿。根据斯蒂芬·亨特和小约翰·班布里奇著的《美国枪战》一书记载，他们叫了辆出租车到了白宫，可是发现白宫正在整修，所以他们的行刺目标并不在那。当时白宫的房屋状况已经差到杜鲁门夫人玛格丽特的钢琴开始从二层往下掉了。在和出租车司机的聊天中，他们获得了一个消息：在白宫整修期间，代号为"监督"（Supervise）的杜鲁门住在白宫对面的布莱尔国宾馆。于是他们决定在那里完成自己的使命，用手枪杀出一条血路来。

下了出租车，特里索拉从西面靠近布莱尔国宾馆，柯拉索则选择了东面。他们计划同时到达大楼门口并开始连续射击，拿下保安，最后找到总统。特里索拉是一个善于远射的神枪手，柯拉索也为了这次行动受过专业训练。可是，真是应了那句老话：谋事在人，成事在天。事情的发展和他们的计划似乎并不一致。

特工佛洛伊德·伯苓和白宫警官约瑟夫·戴维森负责东面安保，西面安保的负责人是白宫警官莱斯利·科菲特。白宫警官唐纳德·伯泽尔正站在大楼门口顶篷下的台阶上，背对着街道和正朝大楼走来的柯拉索。

柯拉索扣动了扳机！可是什么也没发生。听到响动的伯泽尔转过身，看到了正对着他的枪口和持枪的凶手。转眼间，柯拉索又一次扣动了扳机！子弹击中了伯泽尔的右膝。

伯苓和戴维森从东保安亭冲过来，向柯拉索开火。在国宾馆内守卫的特工斯图尔特·斯托特听到了枪响，从枪柜抓起一把汤普森冲锋枪。他知道，紧张的气氛开始升级了。他的岗位在大厅走廊，负责守卫通往二楼的楼梯和电梯，总统正在房间里小睡。代号为"恩光"（Sunnyside）的贝丝·杜鲁门像往常一样出城去了，因为她不喜欢华盛顿。

走到西保安亭前，特里索拉掏出了他的鲁格尔半自动手枪，冲着科菲特警官的腹部就是几枪，科菲特应声倒地。特里索拉查探了一下西保安亭，遇到了身着便衣的白宫警官约瑟夫·唐斯。特里索拉狠狠地给了他三枪，分别在臀部、肩膀和脖子左侧。

随后，特里索拉跳过唐斯的身体直奔大门。在那，右膝中枪的伯泽尔正瞄准柯拉索准备反击。可是发现特里索拉后，伯泽尔迅速改变了目标，向特里索拉射击，但是没有命中。特里索拉回击，子弹击中了伯泽尔的左膝。

紧急时刻，中枪的科菲特做出了一个勇敢的举动，他跳起来反靠在安保亭上。用他的左轮手枪瞄准特里索拉的头。"砰"的一声，子弹击中了特里索拉的耳朵，穿过了他的脑袋。这个杀人未遂的总统杀手应声倒地，当场暴毙。

其他的警官和特工包围了柯拉索。一颗子弹打中了他的胸膛，特工文森特·莫兹在国宾馆二层开枪击中了他。

特勤局历史上最大的一场枪战在 40 秒内结束了。一场枪战，打了 27 发子弹。

枪战发生不到 4 个小时后，成功击毙了特里索拉的警官科菲特最终在手术台上结束了生命。他的名字被刻在了特勤局大厅里的纪念墙上，被人们缅怀着。柯拉索和另外两名白宫警察经过救治最终康复了。杜鲁门总统毫发无伤。当时，要是行刺者真的冲进了大楼，斯托特和其他特工一定会拼尽全力把他们撂倒的。

佛洛伊德·伯苓特工回首那段时光时说："那天天气很好，外面大概有 26 度。那天科菲特戴了一副新眼镜，我还笑他，说他配新眼镜是为了执勤时看大街上的漂亮姑娘。"

枪战结束后，伯苓到楼上去看总统的状况。据伯苓的回忆，总统是这么说的："见鬼的，楼下出什么事了？"

第二天，"杜鲁门想要出门散步，"贴身保镖查尔斯（查克）·泰勒说，"我们告诉他这不是个好主意，那两个行刺者可能在附近还有同党呢。"

第二年，国会终于通过了法案，将保卫总统、总统家人、候任总统和副总统的职责永久授予特勤局。值得一提的是，是否对副总统进行保护取决于他是否提出了申请。

1951 年 7 月 16 日，杜鲁门签署这项法案时还开了句玩笑："终于等到这一天了，保护我的工作合法化了，真是令人高兴！"

但是究竟接受多大程度的保护，决定权还是掌握在总统手中。职责所需，也是天性使然，总统们需要保持较高的曝光度，然而特工们要确保总统更安全。就像肯尼迪总统的助手肯尼思·奥唐奈尔所言："在总统看来，自己

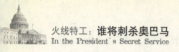
的重要职责就包括接近大众，必要的时候他要去普通百姓家登门拜访，让人民能经常看到他本人。有可能的话，他愿意坐下来了解了解民众眼里的世界、民众眼里的美国和美国存在的问题。"

梦想和现实之间总有差距，而美好的愿望和疯狂的臆想之间也往往只有一线之隔。

第 **2** 章

长枪骑兵
好色的肯尼迪自寻死路

约翰·F.肯尼迪总统的护卫队由包括特工主管在内的24名特工组成，每班岗有7人执勤。在获聘成为特工之前，他们接受了手枪射击训练，每人还领了学习手册，此外就没有其他岗前培训的内容了。

前特工拉里·D.纽曼是这么回忆他的早期特工经历的："我上班的第二天就被安排坐在总统豪华座驾的后座上。我们小组负责人将一把汤普森冲锋枪放在我腿上。我从没亲眼见过这个大家伙，更别说拿着它'干活儿'了！"

在接下来几年的工作时间里，纽曼一共接受过10周的培训，其中包括4周的执法程序培训，受训地点在财务部；以及为期6周的特工专业培训。可是，他一直都没搞清楚为什么放在白宫供特工使用的霰弹枪要装箱上锁，而钥匙却在白宫警察手里。

纽曼在上岗前被告知，必要的时候要替总统吃枪子儿，而且对于总统的私生活一定要守口如瓶。特工们就是"人肉监视器"，他们会看到幕后隐藏的一切。是的，一切。直到今天，特勤局的负责人还要不时地提醒自己的手下，坚决不能对任何人提起他们见到听到的关于总统的一切，尤其是对新闻媒体。通常，负责人会引用来自特工任务书中的一段话："美国特勤局的正式特工，被批准携带武器，合法拘捕犯罪嫌疑人，为总统和其他法律规定的人提供安全保护，并在法律规定范围内履行其他各项职责。特工是值得信任的特别工作人员。"

纽曼和其他肯尼迪的贴身保镖开始工作后不久就发现，这位总统是个绝对百分百的两面派。对外，他是自由民主的美国政治领袖，而且是个具有超凡魅力的领导人；但是另一面，也就是个人生活方面，他是个不忠实的丈夫——他的助手会偷偷往白宫送女人来满足他的"私人需求"。

据前特工罗伯特·鲁兹的回忆，在紧随肯尼迪"空军一号"的媒体专机上，有一位漂亮的瑞典籍泛美航空公司空姐。当时她似乎对鲁兹有点意思，而后者也正打算约她外出共进晚餐。然而当保镖负责人得知此情后，立即警告鲁兹道："离她远点儿，她可是总统的私人藏品。"

事实上，除了数不尽的一夜情，肯尼迪在白宫还有多位"女朋友"。其中一名叫帕梅拉·特纽尔，是他当参议员时的女秘书，时任肯尼迪夫人杰姬在白宫的新闻秘书。另外两个女秘书一个叫普利斯希拉·维尔，另一个名叫吉尔·科温。她们俩的外号分别是"小骗子"和"轻佻女"。维尔在刚进白宫工作时就已经有了"小骗子"这个昵称，所以肯尼迪的助手把"轻佻女"这个外号给了科温。

据肯尼迪前贴身保镖拉里·纽曼介绍："她们平时无所事事，主要工作是陪总统寻欢作乐。有时候还要和总统玩玩'三人行'。"

"当杰姬不在的时候，帕梅拉·特纽尔就会在晚上到白宫和总统幽会。"前特工查克·泰勒如是说。

"这两位小蜜身材都十分火辣，她们常常只穿一件及腰的白 T 恤和总统在游泳池里戏水，你能清楚看到她们的胸前的'两点'。我们会用无线电和杰姬的贴身保镖保持联系，以防她突然回来撞上这一幕。"

有一天下午，肯尼迪正与这两个小蜜在游泳池里玩水，特工们突然接到杰姬贴身保镖发自无线电的通知，说她要提前返回了。

"杰姬会在 10 分钟之内抵达，肯尼迪慌慌忙忙地爬出了游泳池，"肯尼迪当时的贴身保镖安东尼·谢尔曼说，"他就穿了一条泳裤，手里端着一杯血腥玛丽。"肯尼迪四处看了看，把那杯酒给了谢尔曼，然后说："喝了它吧，这酒味道不错。"

据特工们回忆，肯尼迪常和好莱坞女星玛丽莲·梦露偷欢。他们约会的地点在纽约各大豪华酒店，有时甚至在司法部长的办公室阁楼里，当时的司法部长正是肯尼迪的弟弟罗伯特·F. 肯尼迪。这间套房里有一张双人床以备司法部长因工作需要留下过夜。它靠近一架私人电梯，这可方便了肯尼迪和梦露，因为他们可以直接从司法部大楼的地下室搭电梯上楼而不用担心被人发现。

"肯尼迪和梦露常常到那里去幽会，"一位特工说，"这已经是特勤局人

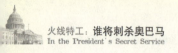

尽皆知的秘密了。"

如果说肯尼迪的私生活可以被称为"不计后果"，那么他对自己的安保也一样鲁莽轻率。在他于1963年11月22日动身去达拉斯为下一年的总统选举做准备之前，他就收到了关于那里可能出现暴力活动的警告。美国驻联合国大使阿德莱·斯蒂文森给肯尼迪的助手小亚瑟·施莱辛格去了电话，敦促他转告总统不要去达拉斯。他说，他刚刚在那里做了一个演讲，示威者向他做出了许多过激举动，大声咒骂他，还向他啐唾沫。斯蒂文森说，参议员J.威廉·富布赖特也对此警告过肯尼迪。"达拉斯是个非常危险的地方，"富布赖特告诉他，"我是不会去的，您也千万别去。"

尽管收到了如此这般的警告，肯尼迪还是决定按计划前往达拉斯，而且他的助手奥唐奈尔还告诉特勤局，只要天不下雨，总统想要乘敞篷车出行。这些内容出自针对肯尼迪暗杀一案的《沃伦报告》[肯尼迪遇刺后，继任的林登·贝恩斯·约翰逊总统亲自任命了一个特别委员会负责彻查此案。这个由首席大法官厄尔·沃伦为主席的委员会，后来被习惯称之为"沃伦委员会"。经过较长时间的调查取证，委员会的调查结果全收入了《总统特别委员会关于肯尼迪总统被暗杀案的调查报告》（又称《沃伦报告》）中。——译者注]，这个报告中的信息都来自于FBI的调查。要是到时下雨，那么肯尼迪的座驾会拉起一个不防弹的塑料顶棚。代号为"长枪骑兵"（Lancer）的肯尼迪亲口对特工说，不希望他们坐在车后部的踏板上。

上午11点50分刚过，肯尼迪的豪华敞篷车缓缓地从拉菲尔德机场按计划开往工业展览馆，总统要参加在那里举行的欢迎午宴。总统座驾在榆树街上逐渐减速行驶，然后在通往迪利广场的斯戴蒙斯高速公路的铁路立交桥上行驶了一段，得克萨斯教科书仓库大楼就在肯尼迪的右手边。

只有两名特工提前到达达拉斯，为总统的出行做准备。直到现在，特勤局的工作在很大程度上还是要寻求地方警察和其他联邦机构地方办事处的协助。当时，提前的安保调查并不包含对车队行驶路线周边建筑的排查。可是由于行车路线已经提前公布，这很可能会造成特工们安保工作的漏洞。

到了12点30分，总统座驾以大约每小时11英里的速度行驶。说时迟，那时快，沉闷的枪声响了。一颗来自得克萨斯教科书仓库大楼的子弹射中了肯尼迪背部脖根部位；另一颗子弹准确地击中了他的后脑勺。瞬间，鲜血伴随着白色的脑浆像喷泉一般向四处喷洒而出，溅到坐在他左侧的"第一夫人"杰姬的脸上和身上，而总统应声倒进了妻子的怀里。

驾车的是特工威廉·R.格里尔，坐在他右侧的是特工罗伊·H.凯勒曼，可是他们都没能第一时间冲到总统身边。当时，总统要是能让特工们坐在车后的踏板上保护他，情况就大有不同了。更要命的是，总统乘坐的豪华车的前座和总统就座的后座之间有两排座位。总统受到的两枪中，致命的第二枪是在第一枪击中他的 4.9 秒后射中他的头颅的。

格里尔并没有受过防御性驾驶（又称史密斯防御性驾驶，其 5 大原则为——1. 望远方：向前看至少 15 秒的车程；2.视野宽广：与前车保持 4～6 秒的车程，每 5～8 秒观察一次反光镜；3. 保持视线移动：避免盯住某一目标超过 2 秒；4.保持车处于宽松的空间：保持前后左右的空间；5. 保证其他人看到你：用目光与对方司机或行人交流。——译者注）训练。所以在总统第一次被击中之后他没有提速来采取避险措施。事实上，他马上放缓了车速并且等待凯勒曼的指令。

凯勒曼大喊："离开这儿，我们遭到了袭击！"

坐在随行车左侧踏板上的特工克林顿·J.希尔冲向了肯尼迪的座驾。在车辆加速过程中，他努力跳上车，将代号为"蕾丝"（Lace）的杰姬推倒在汽车后座上，用自己的身体保护着她和总统。

"要是特工们能坐在汽车后部的踏板上，他们就能在总统挨第二枪之前把他推倒，并且跳到他身上为他挡子弹。"当时总统的贴身保镖查克·泰勒这么告诉我。

特勤局局长刘易斯·默莱迪给出了以下解释，表示赞同查克的这个说法："一个针对这些接踵而来的暗杀，包括对击中了总统的子弹弹道研究的调查指出，要是特工们能坐在踏板上，这次暗杀很可能不会成功。"

像离弦的箭一样向 4 英里外的帕克兰纪念医院飞驰而去的总统座驾，最终也没能追赶上总统匆匆离去的生命的脚步。下午 1 点，肯尼迪被宣告死亡。全特勤局的特工们都崩溃了。

又一次地，一场暗杀改变了历史的进程。对于特勤局来说，他们面临的问题是，如何从这次血的教训中吸取经验，使这样的悲剧不再重演。

第 **3** 章

志愿者
声色犬马约翰逊

要是肯尼迪在特工眼里的形象是"不计后果的色狼"，那么林登·B.约翰逊的形象就是"粗鲁下流的醉鬼"。

特工泰勒这样回忆给时任副总统的约翰逊驾车的经历。那一天他和另一位特工负责开车将约翰逊从国会大厦送到白宫与肯尼迪会面，见面的时间定在下午4点。代号为"志愿者"（Volunteer）的约翰逊3点45分才准备好出发。鉴于当时的宾夕法尼亚大道的交通状况，他们肯定是要迟到了。

"约翰逊让我们开过路缘，到人行道上行驶，"泰勒说，"人行道上有刚下班的行人在走呢，我说'不行'。他嚷嚷，'我跟你说了在人行道上开！'说着，他拿起一份报纸打另一个开车的特工的脑袋，'你们俩都被炒了！'"

等他们到了白宫，泰勒对肯尼迪的秘书伊芙琳·林肯说："我被炒了。"

林肯愤怒地摇着脑袋。结果，泰勒没被炒。

1963年11月22日，约翰逊接任成为总统。任期内，他和好几个年轻漂亮的女秘书有染。当妻子伯德夫人不在的时候，特工们就会应总统的要求把他带到一位秘书家里。当他和秘书"独处"时，总是让特工离得远远的。

"我们一把他送到地方，他就让我们赶紧走。"泰勒说。

有一次，他正在白宫椭圆形办公室的沙发上与一名女秘书偷情，结果被不期而至的代号为"维多利亚"（Victoria）的伯德夫人撞了个正着。惨遭捉奸的约翰逊事后竟向特工大发雷霆，怒斥其"失职"，没有及时发出警报。

特工监管员回忆道："他吼道，'除了干坐着，你们是不是应该干点儿什么呢?！'"

"捉奸事件"结束之后（发生这事儿时，他刚接任总统几个月），他命令特工们在自己的白宫官邸秘密安装了蜂鸣报警系统，一旦伯德夫人走近，就要及时通报。

"这个报警系统是在伯德夫人抓到他和一个秘书在自己办公室胡搞之后安装的，"一位前特工说，"他当时气得七窍生烟。报警器就装在一段台阶上，顺着台阶走就可以到达通往椭圆形办公室的电梯。我们要是看见伯德夫人朝着电梯或者台阶的方向走，就得赶紧拉警报。"

约翰逊从来不在女人上约束自己。他有一个固定名单，上面都是他的"对象"。其中的一些情妇会在伯德夫人在家的时候待在约翰逊的农场。

"他和伯德夫人在卧室休息时，会在半夜趁妻子熟睡时爬起来钻到另一个房间去，"一位前特工说，"伯德夫人对丈夫的越轨行为一清二楚。和他幽会的女人中，有一个是性感热辣的金发大波女，另一个是他朋友的老婆。而这位朋友居然同意总统和自己的老婆乱搞。真是世界之大，无奇不有。"

"跟我们一起工作的姑娘里，也有他的'所属物'，"约翰逊的军事办公室负责人比尔·加利说，"有一个，总是什么时候想来工作就什么时候来。我根本不能派活儿给她干。"

加利的行政助理威廉·F.卡福这样评价约翰逊："基本上只要是能爬的活物，他都会搞一搞。他是个饥渴的老男人，不过他的手下都对他很忠诚。话说回来，要说谁是白宫公敌的话，那就是他没错了。所以，大家相处得很不错，主要还是因为大家都怕他。"

伯德夫人在1987年接受过一次电视采访，当问到关于传闻中的那些"不忠事件"时，她这样回答："你得了解，我丈夫热爱人类，全人类。而人类中有一半是女性。"

据"空军一号"前机组成员回忆，约翰逊乘机时，时常反锁自己特等舱的房门，以便与其漂亮的女秘书"独处"，有时甚至不顾伯德夫人也在飞机上。

前"空军一号"空少罗伯特·M.麦克米兰回忆道："约翰逊经常在登机后不久，便开始训话。他喜欢站在过道上，咧着嘴大笑着，边笑边说，'狗娘养的，我尿你们一身！'说罢，他便消失在大家的视线外，然后开始脱衣服。等走到特等舱，他已经脱得只剩下短裤和袜子了。对他而言，把短裤都脱掉也没什么大不了，他经常这样，全然不顾特等舱里还有谁。"

约翰逊一点也不介意他不文雅的举止被女士看见。

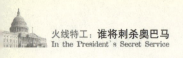
"他同女儿们、伯德夫人，还有女秘书在一起时经常一丝不挂，"麦克米兰说，"他的'小将军'确实很雄伟。所以大家就给他起了个外号——'牛蛋'，他知道了之后很生气。"

约翰逊经常把自己搞得酩酊大醉。他经常把整瓶整瓶的威士忌放在他农场的车里。还在任的一天晚上，他喝得醉醺醺地回白宫，声嘶力竭地喊着："灯是开着的！太费电！"

"他是我见到过的总统里面唯一会喝醉的。"前白宫特警队白宫分队队长弗雷德里克·H.瓦尔塞尔如是说。

"他喝起酒来一阵一阵的，"他的新闻秘书乔治·瑞迪告诉我说，"有时候他会一天接一天地酗酒。你会想，'这个家伙真是个酒鬼'。然后突然间，他就不喝了。他酒瘾发作的时候，我们是能看出来的。他会叫一杯苏格兰威士忌和一杯苏打水，然后一饮而尽。小口小口地喝可不是他的风格。"

约翰逊喝了酒的时候脾气就更糟糕了。

麦克米兰说："有一次，我们为乘客准备了牛肉大餐，正上菜呢，约翰逊冲进客舱。他的助手杰克·瓦伦蒂坐在那儿正准备开动，盘子里是一块非常漂亮的生烤牛排。"

约翰逊抓起盘子，嚷嚷道："你这个王八蛋！你这是要吃生肉啊？！"

约翰逊把牛排送回后厨就开始大骂："你们两个王八蛋！看看，这还生着呢！你们在我的飞机上干活儿就得把饭做好！你敢给我的人吃生肉！他妈的，你们俩要是再敢让我们吃生肉，就等着卷铺盖奔越南吧！"

约翰逊把盘子扣到地上，然后气冲冲地走了。

几分钟后，瓦伦蒂过来了。

"真抱歉先生，让您没吃上饭。"麦克米兰说。

"咱们还有生烤牛肉吗？"瓦伦蒂问。

"还有不少呢。"麦克米兰回答。

"他已经搞完破坏，不会再来了。千万别给我吃全熟的牛肉！"

另外一位"空军一号"空少杰拉德·F.皮沙说，有一次约翰逊不喜欢一个空少给他调的酒，就把酒杯扔在了地板上，嘴里还喊着："给我找个会调酒的人来！"

比起他在得州老家农场上的表现，约翰逊在白宫还算是收敛多了。有一次，在他的农场举行的一场新闻发布会上，约翰逊做了一件令人震惊的事。"空军一号"的飞行工程师 D. 帕特里克·奥唐奈尔回忆道："他把他的'小将军'解放出来撒了泡尿，侧面就对着记者。所有人都能看到那股'水流'。真是太丢人了！我实在没办法相信，这可是美国总统啊！他居然对着坐满了人的草坪小便！"

一位负责那场发布会安保工作的特工回忆说，约翰逊那天准备开着一辆车带着名流们逛逛他的农场，但是乘客们都不知道那辆车是水陆两用的。快到佩德纳尔斯河附近时，他会把车开进水里——为了吓唬他的贵客们，顺便乐呵乐呵。

一天清晨 6 点，一位特工在门外站岗，这扇门就通往约翰逊的卧室。

"我站在那欣赏初升的朝阳和清脆的鸟鸣，突然听到一点儿响动。我转过头，看到这世上最有权力的总统阁下在他的后门廊撒尿呢！之后我就想起了一句在得州口口相传的顺口溜，然后我第一次亲眼验证了这句话，'约翰逊到了农场，会让牛都羞愧地低下头。'他真的真的是很'雄伟'。"这位前特工如是说。

这位前特工曾在执行一次白宫新闻发布会的安保任务时，看到约翰逊总统边发表讲话边坐在马桶上撒大条。那可真是赤裸裸，腰前连块毯子都没遮。

这位前特工说："我真没法相信眼前发生的一切。但是对于总是跟着约翰逊的特工来说，这些早就见怪不怪了。"

罗伯特·F. 肯尼迪被暗杀后，一位特工被派去叫醒约翰逊，提醒他早晨去见自己的新闻秘书。

"我敲了敲门，伯德夫人让我进去了。"

"他在卫生间呢。"她说。

"我轻轻敲了敲卫生间的门，他坐在马桶上。到处都是卫生纸，那场景真是怪异。"

"如果约翰逊不是总统，他早就该进精神病院了。"前特工理查德·罗斯说，他在临时被派到约翰逊安保小组的时候总是这么想。

"有一天半夜了，有一只孔雀在到处溜达，"临时被派去保护约翰逊的特工大卫·柯蒂斯回忆道，"那是个有月亮的晚上，一个特工捡起一块儿石头，

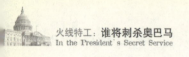

试图吓跑那个鬼东西。他朝孔雀的方向一丢，谁知道就这么巧一下打在孔雀的脑袋上了。那孔雀就这么稀里糊涂地没了命。"

等另一个特工接班的时候，他跟对方说："老天啊，我弄死了一只孔雀！怎么办啊？"

"其实，农场上那么多孔雀，没人会发现少了一只的，"柯蒂斯说，"把孔雀尸体往佩德纳尔斯河里一扔就了事了，神不知鬼不觉。他们俩就是这么干的。"

快到破晓时，白班的人换走了值夜班的特工。有一个白班特工急匆匆地用无线电呼叫总部："我的妈呀！你们快出来看看！有一只喝多了的孔雀，全身都湿透了，一瘸一拐的，毛也都歪了，正往房子这边儿走呢！"

原来，那孔雀只是被打晕了，不知怎么的缓了过来，而且把自己从水里拖上了岸。约翰逊一直也不知道发生过这么件事儿。

"约翰逊是个'老贼'，"约翰逊的白宫军事助理加利说，"他知道到哪儿去找钱。他设立了一项代号为'绿球'（Green Ball）的专款。这本来是国防部特批给特勤局买武器用的。他们把这笔钱花在约翰逊身上，干任何他想干的事儿。这笔钱曾经用于给约翰逊和他的朋友买供他们私人使用的豪华猎枪。"

一直以来，约翰逊一直期望树立一个给纳税人省钱的"守财奴"形象。约翰逊曾经声称他已经下令将采访区内女士卫生间里的灯关闭，以示节约。

加利说，约翰逊离任的时候，他至少安排了十次航班，全是替约翰逊往他的农场里运政府财物的。前面提到的那位飞行工程师奥唐奈尔说他执行了三次飞行任务，都是把白宫的东西运送到约翰逊的农场。

"我们把白宫的家具空运回来，"奥唐奈尔说，"有一些飞行任务是我执行的。返程的时间在晚上 7 点 50 分或 8 点 50 分，还有在一大早的……他好像连沃尔特里德陆军医院的电床都弄回去了。挺丢脸的。"

约翰逊最大的政治成就是顶住来自南方的阻力，通过了《民权法案》，可是私下里他经常把黑人叫做"黑鬼"。

约翰逊去世后，保护伯德夫人的特工们惊讶地发现，约翰逊的房子里挂满了他和名人的照片，但是没有一张是他和肯尼迪的合影。

第4章

总统们面临的生死威胁

STATE OF THE UNION

特勤局平均每天会收到大约 10 封针对保护对象的恐吓信，通常都是冲着总统来的。讽刺的是，在肯尼迪被暗杀之前，谋杀总统并没有被列为联邦犯罪的一种。然而在 1917 年，国会把"明知故犯地"恐吓总统（注意，是恐吓而不是暗杀）定为联邦暴力行为。后来，经过修订，法律明文规定，恐吓总统罪将被处以最高 5 年的有期徒刑和 / 或 25 万美元的罚款。威胁恐吓总统候选人、副总统候选人或者任何候任官员，处罚也一样。

特勤局会通过一系列的特殊技术、工具、计划和流程以预防保护对象受到攻击。其中的一个秘密杀手锏就是特勤局和评估处握有大量的情报资料，这些资料记录了对总统的安全存在威胁的可疑人物的一切信息。

对任何一个潜在的暗杀罪犯而言，成功地把总统干掉就是中了大乐透。

"我们要尽可能地了解这些人的需要，"一位前情报处特工说，"如果他们没能从议员或者州长那里得到满足，那他们就会把目标转向总统。"

在特工们眼里，随时随地都可能发现危险，直接的危险会通过电邮、普通信件和电话进入白宫。一旦接到恐吓电话或疑似恐吓电话，白宫接线员会把电话转到特勤局总部。特勤局总部坐落在华盛顿西北第九大道 H 大街，建于 1997 年，这座九层大楼没有名字。出于安全考虑，大楼门前没有放置垃圾箱，门上挂着一个 360 度监视摄像头。

来访者通过了金属探测检查，墙上的电子仪就会显示出四个银色的大字：安全通过。整栋建筑都没有出现"特勤局"的字样，甚至连来访者的出入登记卡上也没有。只是在大楼内厅有一面刻着"美国特勤局纪念碑"的墙壁，这面墙是为了纪念因公殉职的 35 名特工、警官和其他工作人员。

再往里走，在中心天井的四周，狭窄的走廊将玻璃墙的办公室连接起来。

置于天井的开放性楼梯被设计成螺旋形，有时候特工们来不及坐电梯，就可以顺着楼梯的扶手滑下来。大厅里挂着特工们保护总统时被抓拍的照片，并陈列了所有因公殉职的英雄的照片以兹纪念。大厅的陈列处也留了一些位置，给那些在未来的时光里为工作而献身的勇敢的人。

在主题展厅里，展出了财政部于 1865 年签发的第一任特勤局局长的委任书，这个人便是威廉·P. 伍德。此外，还有刺杀肯尼迪总统的李·哈维·奥斯瓦尔德所用的枪支复制品，以及真、伪钞的对比展柜。

特勤局的中枢部门在大楼第九层。特工们就在这一层的联合行动中心，密切关注着大屏幕，上面显示着保护对象的代号和他们当前所在的位置。当保护对象到达一个新地点，随行的特工就会联系联合行动中心。要是保卫对象没有按预先设计好的路线走，或是到了一个意料之外的地点，这种情况就算"突发事件"。联合行动中心的隔壁被特工们称为"危机处理中心"，这里是为了处理类似"9·11"这样的紧急事件而设置的。

白宫接到的恐吓电话被转到特勤局总部之后，特工们会假装成接线员来接电话。

"我们就等着他说出那个词（表示对总统有威胁的词），"特工们解释道，"之后我们会对这个电话进行追踪。"

特勤局鉴识科负责将电话录音中的声音资料和资料库里的其他恐吓电话的声音资料进行比对。所有恐吓电话都会被重点处理。要是通过电话能追踪到具体的个人，特工们会对他进行侦讯并对其威胁等级进行评估。特工们会区别对待"即将付诸行动"的恐吓和"说说而已"的恐吓。

一个副总统的贴身保镖说："你不喜欢总统的政策，那就说呗！宪法都批准了，这是'天赋人权'。我们重点关注那些做得太过分的和那些有实际威胁的人。如果他们说，'我会抓到你的''我会杀了你''你该死'或者'我知道谁能帮我杀了你'，那这些人就上黑名单了。"

逮捕黑名单上的人可谓家常便饭。比如说，住在宾夕法尼亚州克莱尔上街的巴利·克林顿·埃克斯托姆，因发送恐吓邮件而被特勤局逮捕。他在匹兹堡地区公共图书馆发了一封邮件，里面写着："我恨小布什！我鄙视小布什！六月份他父亲生日的时候我要把他干掉！"埃克斯托姆被判处两年监禁和两年的监督释放（监督释放是指，对不能个人具保释放的犯人依其意愿采用的有严密组织进行监督、咨询和治疗的一种非监禁型措施，而且该措施能使罪犯从中受益。法院给准许释放的犯人配备一名劝教员，并在一系列测验之后为其指定例如婚姻和心理咨询以及戒毒治疗这样的治疗项目。监督释放的目的是帮助被告建立良好的"行为记录"，以便在其被定罪后，可以保证执行缓刑。此项目类似于中国的取保候审制度。——译者注）。

要是白宫里出了状况，联合行动中心会通过远程监控装置查看白宫建筑群内外的情况。所有到达白宫的恐吓信或电话都要提交给特勤局。大多数恐吓信都是以书面形式寄给总统的，而不是通过电邮和电话。潜在的暗杀者在给总统寄信时会获得一种满足感，因为他们认为只要他们寄了信，总统本人能读得到。

如果信件是匿名的，特勤局鉴识科会在信件上提取指纹，分析笔迹和墨水的成分。他们会把提取到的墨水小样和全球墨迹库里的 9 500 个样本进行成分对比。大多数墨水生产厂家会在自己的产品里添加特殊的成分以形成标记，这样实际上是简化了特勤局的工作。技术人员会把新的墨迹和其他恐吓信中使用的墨水进行对比，这样就有可能追查到寄信人是不是来自同一个组织。如果可能，他们还会从信纸上提取 DNA。

特勤局情报和评估处会给每一个潜在的威胁人物进行等级评估和分类。

一位特工说："我们的评估有一个固定的模式，评估的标准包括，评估对象有没有军事训练和枪械训练的背景；有没有精神疾病史；将计划付诸实践的概率。我们需要在侦讯评价对象的时候对这几方面进行评估，然后判定他的恐怖等级。"

被评为"三级危险人物"的嫌疑犯都是些前科十分恶劣的人。在这个等级的大概有 100 人，特勤局要常常"关照"他们。法院为特工们设定的对这些人的监管幅度是很宽泛的，因为他们是会直接威胁总统的人身安全的。

"我们每 3 个月都会对这些危险人物和他们的邻居进行侦讯。如果觉得他们确实特别危险，我们就会全天候监控他的行动。如果他从属于某个组织，我们会就设点跟踪，以便第一时间掌握对方的最新情况。"要是监控对象既从属于某个组织，又有家庭，"那你知道的，他家的小区里肯定会有一辆车专门监视他，他每天什么时候回家我们都一清二楚。"一个特工说道。

特勤局情报和评估处的一位特工说："如果接到这些'三级危险人物'

的电话、信件，或者其他任何形式的威胁或潜在威胁，我们都会追查到底，直到我们可以确定停止侦查，或者确定对这个人要保持监视，这才算告一段落。"

如果总统到了一个"三级危险人物"（不从属于任何组织）的居住城市，特工们会在总统到达前的某个时间守在这个人的家门口。特工们会探访他是否要出门，如果"是"，他们会想办法获得对方出行的时间和地点。然后他们就监控这座房子，并在危险人物出行时进行跟踪。

即便一个"三级危险人物"已经不再是被监视的目标了，情报处的特工还是要不定期地"关照"他，毕竟安保工作得做到万无一失。

"只要他们还在监视名单上，我们就会时不时地拜访他们，跟他们聊聊，"前特勤局特工威廉·艾尔布拉克说，"跟他们交谈时，要尽量显得熟络，因为你每一季度都要去拜访他们，就是为了看看他们过得怎么样，最近都在忙什么，有没有吃什么药之类的。我们进了门就说，'嗨，弗莱迪，伙计，你最近怎么样？总统最近要来了，你有什么打算吗？'而我们最想听到的回答就是，'我准备躲远点儿，什么都不干。'"

"唉，伙计，给你提个醒，"特工会说，"我们还在盯着你呢，你最好记住了。你压根儿就别想去总统出现的地方，我们都会跟着你的。你去哪，我们就到哪。我们会经常跟你联络感情，而且你在哪我们都知道。"

小约翰·W.辛克利到现在仍旧是一个"三级危险人物"。他曾经用枪袭击过里根总统、里根的新闻秘书詹姆斯·布莱迪、特勤局特工蒂姆西·麦卡锡和华盛顿特区警察托马斯·德拉汉蒂。但 1981 年 3 月，辛克利因患有精神失常而被判无罪。从那时起，他就被监禁在华盛顿圣伊丽莎白医院。但是辛克利被获准可以定期离开精神病院去看望住在弗吉尼亚威廉斯堡的母亲。他一到华盛顿，他的家人就会通知特勤局，特工们就开始对他进行人身监视。

"二级危险人物"和"三级危险人物"不同，虽然他们的想法对总统有威胁，但是他们不会把这种想法付诸实践。

"二级危险人物"通常是有监禁史或精神病史的人。州立监狱里风行过一个黑色笑话，如果一个囚犯恐吓了总统，他就会被调到联邦监狱，那里的条件可比州监狱好多了。出于这个原因，特勤局经常收到来自囚犯恐吓总统的信件。比如，2008 年 11 月，27 岁的戈登·L. 查德威克威胁说要杀死小布什总统。他当时正在休斯敦服 4 年徒刑，原因是恐吓了一位狱警。结果，在结束州立监狱的 4 年徒刑之后，查德威克因恐吓总统还要在联邦监狱再待上几年。

一个州立监狱的犯人给小布什总统写了恐吓信，特勤局特工便安排和他会面。这个特工开车 3 个小时到监狱，问犯人知不知道他为什么会来监狱。

"知道啊，你们什么时候把我弄到联邦监狱去？"这伙计问。

这个犯人还说，他想"看看乡下"，他本来是要服终身徒刑的，这对他来说，是最好的机会了。然后特工解释说，他得服完州监狱的刑之后才能转到联邦监狱。这个犯人才坦白说，他听说恐吓总统就能转到联邦监狱，过完他的大牢生活。

"我真想杀了他！"这个特工说。

"一级危险人物"是最不危险的一群人，他们可能只是在某个酒吧里说过要杀了总统之类的"酒后真言"。

"你去侦讯他，他肯定会说自己不会那样做的。特工们会评估一下，得出结论，'是，他只是说了几句傻话'或'没错，他触犯了联邦法律'。可是我们不准备罚他钱也不用跟踪他，我们得学会自行决定而且要给出最好的判断。"一个特工说道。

通常情况下，来自特勤局特工的拜访足以让这些入门级危险人物三思而后行了。教皇约翰·保罗二世于 1999 年 1 月出访圣路易斯时，负责安保工作的特勤局收到一个报告，说有人开着一辆野营车，车的一侧写着："教皇是恶魔""教皇该死"。

通过报告上的车牌号，特勤局追查到了车主人的地址，事实上是车主母亲的地址，那里离圣路易斯不远。车主的母亲说她儿子开着车去卡利斯佩尔附近的西蒙大拿山区，去见他哥哥了。

这件事的负责人是特工诺姆·贾维斯，开车到车主的哥哥家所在的卡利斯佩尔地区。林区太大了，住在林区的人都没有一个固定的住址，所以他不知道怎么找到他们。于是，贾维斯向地方警察寻求帮助，希望能知道大概可以从哪里开始找起。

"我正沿路开着车，哟，真是想不到，一辆野营车从街尾开出来，"贾维斯说，"侧面正好印着'教皇是恶魔''教皇该死'，而司机的外貌特征和目击证人描述的正好相符。"

"我打了个急转弯，开了车灯和警报器，立刻跟上了他，并且示意他停车。"贾维斯说。

这个人的妻子就坐在他旁边，贾维斯对他问询了一番。他的精神有点问题，但是没吃药。他没有携带武器，所以贾维斯判定他不可能伤害教皇。不过，他还算是"二级危险人物"。贾维斯取了他的指纹，还给他照了相，并警告他在教皇逗留期间离圣路易斯远点儿，而且建议他去看看病。

贾维斯给总部打了电话，报告他和嫌疑人的接触情况和他调查后得到的结论。没过几天，他写了一份报告，并给值班台打了电话说他会把报告呈上去。

"有人告诉我，这个人用他哥哥的手枪自杀了，"贾维斯说，"他哥哥说，他在和我谈话之后太激动了，以至于结束了自己的生命。他觉得自己跑不出恶魔的手掌心，他会被恶魔抓住的。然后，他就朝自己开了枪。"

第5章

探照灯
总统们不为人知的另一面

如果说，约翰逊整个人时常处于失控状态的话，理查德·尼克松和他的家人可以说是最奇怪的保护对象。尼克松的代号是"探照灯"（Searchlight），他和约翰逊一样从不和妻子睡在一个房间里。但是和约翰逊不一样的是，尼克松不和妻子同房并不是因为有婚外情，而是他跟妻子帕特的感情很淡漠，看起来根本就不像夫妻。

"他（尼克松）从来不牵妻子的手。"一位特工说。

一位特工记得有一次执行安保任务，保护对象是尼克松、帕特和他们的两个女儿。当时他们在打高尔夫球，地点就在加州圣克利门蒂尼克松老家附近。"在一个半小时里，尼克松一句话也没说，"这位前特工说，"除非有明确的主题，否则尼克松几乎从不和人聊天。他总是在观察思考着身边的一切，并等着看最后的结果会是怎样。"

尼克松夫人帕特的代号是"星光"（Starlight），她有一个鲜为人知的爱好：马蒂尼酒。说直白点，她其实是个酒鬼。"尼克松离开白宫时，帕特看起来就像座雕塑，目光呆滞，"尼克松的贴身保镖称，"她的记忆力不好。"

"有一天在圣克利门蒂，我在外面巡逻，另一名特工正在执勤，他突然听到从灌木丛里传来一阵沙沙声。当时有好多移民都是循海路偷渡到传说中遍地是金的美国的，谁也不知道他们都是些什么人。"另一位尼克松的贴身保镖回忆道。

出于安全考虑，那个特工"端上枪，小心翼翼地走到发出声音的灌木丛边查看，结果，是帕特，"那位前特工说，"她可能是喝醉了，趴在地上，想找到自己的房子。"

"帕特的日子并不好过。尼克松话很少。他只有和朋友贝贝·雷博佐还有鲍勃·阿普拉纳尔普在一起时才比较开心，他们经常在一起喝酒。"

尼克松经常和阿普拉纳尔普一起到朋友位于巴哈马群岛大沙洲的岛上相聚。

"有一个故事能很好地说明尼克松是否真的具有运动天赋。他热爱钓鱼。在阿普拉纳尔普 55 英尺长的豪华游艇上，他通常会坐着小转椅，手持钓鱼竿。阿普拉纳尔普的工人帮他把鱼食挂好，然后把钩扔出去。尼克松就坐在那儿，两手把着鱼竿。要是他钓到了鱼，这些人会帮忙收线、捞鱼并把鱼装进鱼篓里。总统阁下只需要坐在椅子上看着，什么都不用干。"

"水门事件"发生的时候，尼克松非常沮丧。"他基本不再履行任何总统的职责，全部事务无论大小都由自己的助手霍尔德曼处理。"

白宫西翼办公室的地下室里有个很小的理发馆。一位名叫米尔顿·皮茨的华盛顿的理发师，经常会到那里给尼克松理发。

"尼克松总统话很少，"皮茨对我说，"他想知道公众对他的看法。但他从来都不看理发馆里的电视，其他总统就不这样。"

发生"水门事件"那段时间，尼克松会问皮茨："他们都怎么说的？"

皮茨会回答他什么也没听说。

"我不想人云亦云。我也不会说让他不开心的话，他毕竟是我老板嘛。"皮茨说。

有一天，亚历山大·巴特菲尔德，那个后来向大众曝光了尼克松的录音带的人来理发，恰好紧随而来的人就是总统。总统来之前，巴特菲尔德还盯着电视里对"水门事件"的评论。但是尼克松一进门，"他就把电视关了，总统问，'他们今天怎么说我的？'我回答，'总统先生，我没怎么关注今天的消息。'"

随着水门丑闻的进一步发展，总统变得非常多疑。"他不知道该相信什么，也不知道该相信谁。他认为人们在对他撒谎，他认定所有人最后都会对他撒谎。"一位特工回忆说。

在"水门事件"发生之前，尼克松很少喝酒，但是因为这件事，他的压力越来越大，于是就开始喝酒减压。他有时候能一下子干掉一杯马蒂尼或曼哈顿鸡尾酒。

"他也就喝一两杯，不会喝高了。但是你也能看出来他有点儿迷迷糊糊，已经不太能控制自己了。这时他能稍微放松一点，话会多一点，而且还会对人微笑。和平常的他完全不一样！但是他就喝两杯，点到为止。他每隔一晚就喝一次，但都是忙完了正事待在家里的时候。没人见过他在公开场合喝酒。"

尼克松在公共场合的演讲慷慨激昂，可私底下却时常很失落甚至称得上很消沉。不过，他并不缺乏幽默感。一次，他和妻子在戴维营度完周末，正等着特工们把他的豪华轿车开来接他去乘"海军一号"。

尼克松的一位特工回忆道："那天，所有特工都准备好出发了。负责开车的那位特工正在检查车况，调节车内气温，好让总统和夫人能一上车就感到很舒适。总统当时正在和夫人说话，开车的特工不小心按响了汽车喇叭，尼克松以为他等急了，便对他喊，'我马上就来'。"

又有一天下午，在圣克利门蒂尼克松老家，当时他正边看电视边喂狗。

"尼克松拿起一块狗饼干，看了看，然后竟然咬了一口！"总统的贴身保镖理查德·里帕斯基说。

尼克松会穿着西装在海边散步。他所有的西装，包括配套的皮鞋，都是清一色的海军蓝色。就算在夏天，他也要求火炉里要点着火。有一天，在圣克利门蒂的总统宅邸，尼克松点燃了一炉火，但是忘了开火炉的风门。

"整个房子里到处都是烟，两个特工冲了进去。"一位前特工说。

"你找到他了吗？"一位特工问自己的同事。

"我找不着这个糊涂蛋。"另一位特工回答。

这时一个声音从卧室里传出来。

"我这个糊涂蛋在找一双能配成对的袜子。"

一位特工一直记得一次越南战俘在圣克利门蒂总统府邸外的重聚。

"一个战俘画了很多表现河内营状况的画。他画得挺不错，还把一幅大的越战战俘的画像呈给了尼克松。那天晚些时候，所有人都离开了。总统的助手问他，'您想怎么处理这幅画？需要我把它运到府邸里吗？'"

"把这幅不知所谓的画扔到车库去，我不想再见到它。"尼克松回答。

这位特工说，听了这话，他边摇头边想："你对这些人又微笑又招手，但其实你根本不在乎。你可真是会装，这都是在作秀。"

"从周一到周五，尼克松每天都会在中午12点55分出门去打高尔夫球。"

戴尔·温德里希，这位总统的前贴身保镖说，"他一定得去打球，即便是下着瓢泼大雨也一样。"

偶尔，尼克松的女婿，也就是前总统德怀特·艾森豪威尔的孙子，大卫·艾森豪威尔会陪岳父一起去打球。特工们认为，这位年轻人是保护对象中最不靠谱的一个。一天，尼克松把一台美式烤肉炉送给他作为圣诞礼物。因为尼克松一家人都在，艾森豪威尔准备烤肉给大家吃。忙活了一阵，他跟温德里希说，烤炉点不着火。

"他往烤炉的碳槽里倒了差不多一袋煤球，却只在表面点了根火柴，并且没用引燃的东西。"温德里希说。

"你懂车库开门器吗？"艾森豪威尔对另一个特工说，"过来帮帮我。我有一台开门器，用了好几年了，但是灯从来没亮过。这个东西不是有灯嘛？"

"可能灯泡烧了。"这个特工回答。

"是吗？"艾森豪威尔很惊奇。

这个特工查看了一下，却发现灯槽里压根儿就没装灯泡！

"我们对艾森豪威尔的保护措施通常采取远距离监控或者尾随，因为我们正忙于解除对总统的安全威胁，他当时正要去位于华盛顿的乔治华盛顿大学法学院学习，"一位前特工说，"他开着一辆红色的斑马车。下课以后他开上一条高速路，然后停下来到路边商店买东西。距他的车位不远，有一位女士也把一辆红色的斑马车停下了。他在商店里转悠了 45 分钟才出来，然后把自己的东西装到了人家车上。他打火打了一两分钟都没成功，这时候真正的车主人，那位女士从店里出来，看着他大喊，'天啊，你在我车里搞什么鬼！'"

"这是我的车，"他坚持说，"我只是打不着火而已。"

这个女士声称要报警。他无可奈何地下了车，她迅速地把车开走了。

"他很不知所措地看看我们。我们指了指他的车。他找到车后开心地走了，好像之前的事情根本没发生一样。"

后来，艾森豪威尔买了一辆新奥尔兹车准备从加州开到宾夕法尼亚州去看望他的祖母——代号为"春日"（Springtime）的梅米·艾森豪威尔。车开到凤凰城就出问题了。艾森豪威尔给一家当地的维修商打了电话，他们答应第二天一早就能把车修好。艾森豪威尔在汽车旅馆住了一晚，第二天就到维修商那里去取车。老板告诉他，车压根就没问题，其实是没油了。解决方法是：加油。

在尼克松任期快要结束的时候，副总统斯皮罗·阿格纽被指控收了10万美元的现金贿赂。阿格纽从担任马里兰州州长开始直至他担任副总统，一直都在收受贿款。阿格纽对此供认不讳并且同意辞职。他于1973年10月10日离开。

不过，世人从来没有发现的是，阿格纽，这位坚守家庭阵营的"好丈夫"在职期间曾经对妻子不忠。1969年末的一天，阿格纽要求特勤局派5名特工把他送到现在已经是华盛顿圣雷吉高酒店的西北16大街923号。

"我们把他送进后门，把他带到位于四楼的一个房间。他对我们说给他3个小时的时间。保护小组的组长马上意识到他在和一个女人搞婚外情。"

特工们在两个街区外的拉法耶公园等着他，马路对面就是白宫的入口。3小时后他们回到酒店接副总统。

"他看起来很尴尬，因为他要求保镖把自己置于一个没有安保的境地。对于保镖来说，他们的尴尬在于他们正在帮助副总统偷腥。我们觉得自己像是拉皮条的，在那之后我们都不敢正视阿格纽的妻子。"

除此之外，阿格纽还和一个有着深颜色头发、工作表现优秀的女下属有染。阿格纽通常不会整夜留在宾馆里，除非特勤局为那个女下属安排一个与他相邻的房间。一位前特工说，那个女下属和阿格纽的女儿差不多大。

具有讽刺意义的是，阿格纽和他的特工关系很好，他告诉他们自己很担心特工们说他的闲话，或者把他的风流韵事传出去。事实上，尽管特工们很喜欢在内部交换保护对象的大小事情，但和CIA还有FBI的人们比起来，把保密作为一项组织纪律的特勤局特工们的嘴巴还是很紧的。特勤局之所以坚持把"保密"作为一项规则的原因在于，一旦他们把保护对象的私事抖落出去，保护对象就有可能觉得自己被冒犯而对特工产生不信任感。这会给安保工作增加难度。

所以说，订规矩的头头们也考虑到，高层领导人的隐私必须被好好"保管"，尤其是那些与他们的公众形象不相符的"另一面"。当然，领导人们首先应该想到的是在公众眼皮底下生活，就要学会表里如一，而不是让特勤局来为他们"擦屁股"。这一点尤其适用于一位总统或副总统大搞婚外情的时候，因为这很有可能给他人胁迫他们的机会。即使是一个等级低一点的官员在搞婚外情，情况也一样。

"你要是想得到这个工作，而且在这个位置混下去，你就得做那种经得起考验的人，过不怕人问话的生活。"前特工克拉克·拉森如是说。

"当你把看到听到的关于这些大人物的事情和民众对他们的信赖联系在一起的时候，只能无奈地摇摇头。他们恐怕比大多数普通民众还要差劲，"一位前特工这样说，"美国人有种固定的、理想化的想法，他们认为总统就应该具有某种品质，比如说诚实，等等。但是大多数情况下，事实往往正好相反。只要看看他们的保护记录，查查我们都跟着他们去了哪儿，一切便一目了然。我们只能装傻充愣。"

尼克松和约翰逊的人品特点从他们漏洞百出的判断力上就可以看得出来，比如说"水门事件"以及在美国安全完全不被威胁的情况下还坚持着的毫无战果的越南战争。选民们忘了，总统首先是个人。如果他们心智紊乱、淫秽下流、言不由衷、行尽伪善之事，那么这些糟糕的品性会通过他们的决断力和工作表现体现出来。

要是你的一个朋友、电工、管道工或是一个求职者有过不道德的行为记录，例如说谎，或者像尼克松和约翰逊一样精神紊乱，那样没人会愿意跟他们打交道。然而在总统选举或其他政治活动中，人们会忽视这些明显的人格缺陷，而去关注他们在电视上作秀表演的能力。

没人能理解"美国总统"这个名号给一个独立的个体带来的压力，以及政治权利对人的腐蚀能力。作为世界上最强大国家的老大，只要通知"空军一号"就可以随时飞到任何地方，可以实现几乎所有愿望，可以作出一个影响几百万人生活和生命的决定——多么诱人，多么令人沉醉！只有那些心智无比成熟、价值观无比坚定的人才有能力走上这个神坛。仅仅是激请朋友来白宫做客或者仅仅是让秘书打个电话，对听筒那边的人说一声"我代表白宫向您致电"都会对人们产生深远的影响。但实际上，总统和他的白宫精英们会时常提醒自己，他们不是神，他们不会长生不老。

在众多可以让人趾高气扬的理由中，没有一个比能住在有 132 个房间的白宫更诱人的了。仆人们总是整装待发，准备随时满足你哪怕是最小的需求。洗衣、清洁甚至购物都被妥善安排。每天从白宫 3 个厨房里端上来

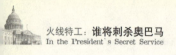
的精美菜肴堪比世界最顶级餐厅的美味。

无论是"第一家庭"里的谁想像约翰逊总统一样每天在床上吃早餐，没问题！甜点师可以烘焙出从圣诞蛋糕到法式巧克力泡芙的各类点心。要是你想每天都请客人来吃饭消遣，没问题！由5位书法家精心设计、亲笔手写的邀请函会送到你的宾客手上，通常没人会拒绝这样的邀请。想选择吃饭用的餐具？没问题！里根喜欢的样式是金色镶条红色钩边的；约翰逊喜欢的是手绘野花加总统封印的。除此之外，每个房间都摆满了永不枯萎的鲜花。

"白宫就是一个考验品格的炼丹炉，"伯特伦·S. 布朗博士（现任国家心理健康研究中心负责人，曾担任肯尼迪总统的助手，同许多华盛顿政治家和白宫精英共事过）这样说，"它也许会激发出人新的美好品质，也许会摧毁人原有的品质。很少有人能坚守他当选前的道德原则。很多参选人都是些渴望名利的肤浅之辈。他们没有道德可言，通过各种见不得光的手段拉选票。就算他是一个心智坚定的人，当他成为总统，如何既保持自我又要表现谦逊仍然是一个难题。他该怎么对待自己作为世界上最强大国家政权掌舵人的满足感？他该怎么对待帝王式的待遇所带来的优越感？上升到人性高度来看，一位总统最后的功过成败，就由他的人格，而非过往功绩来决定了。"

因此，除非一位总统已经具备了良好的心理素质和强大的道德力量，否则沉重的压力和接踵而至的阿谀奉承最终会给这位领导人，甚至这个国家带来巨大的灾难。出于这些原因，选民有权利知道他们的领袖的真相。

第6章

达 罗
火线特工身边的一流警犬

几乎每一天都会有人来到白宫门口要求面见总统，或者制造一些负责白宫守卫工作的白宫特警队不得不出面解决的骚乱。每年，平均有25到30人试图开车撞向白宫，或者翻越经过加固的高达8英尺的围墙，或者手持武器杀出一条血路，甚至在大门口自燃，等等。大多数在白宫周围制造麻烦的人都患有一定程度的精神疾病。

前特工皮特·道林说："就像人们会想要偷偷接近总统一样，白宫对那些精神病人有着磁铁般的吸引力。总统是美国当局的最高代表，而很多精神病患者或者精神分裂症患者认为政府正在向他们的大脑散发射线，干扰他们的思维。那么美国政府的终极象征是什么？正是白宫嘛！于是，前面提到的这些人有很多会来到白宫门口，说他们想要约见总统，有的甚至就直接说他们要马上见到总统。"

"白宫就是精神病患者的圣城麦加，"一位前特警队队员说，"每一天，我们都能看到一些'白领'——我们这么叫那些坚持来白宫大门口静坐的'编外人员'。他们中经常会有人站出来，跟我们说，'听着，我必须和总统聊聊，就现在！我儿子在伊拉克，是总统让他去的！'"

和特勤局特工不同，白宫特警队队员只要求有高中学历，他们不需要与特勤工作相关的背景和训练。要想进入白宫特警队，首先得是美国公民，年龄在21～40岁之间，身体状况良好，裸眼视力不得低于20/60。除了背景审查，在受聘之前他们还要通过药物和测谎仪的检验。这些白宫特警队队员除了在白宫执行任务，还要负责保护各国驻美国大使馆。

为了保护白宫并且保证各种场合的安全，白宫特警队配有一支警犬队。这个队伍的主要成员是比利时玛伦牧羊犬，大多数警犬都接受过交叉培训，可以嗅到爆炸物，袭击危险分子。它们看起来很像德国牧羊犬，但它们的精力更旺盛，也更聪明机灵。这些警犬都接受了猎物驱动型培训，找到"猎物"之后他们的奖励是玩球。特勤局总共有 75 位这样的"神犬特工"，每培训一只警犬的花费是 4 500 美元。

在过滤那些到达白宫西南门准备接受检查的车辆时，这些警犬会站在一块白色的水泥地面上。这块水泥在夏天会被事先冷冻处理，这样警犬就不会因为爪子太热而感到不舒服。

为了展现警犬队的风采，在特勤局总部地下室车库工作的一位技师向我们隆重推荐了达罗——一只 87 磅重的壮实的捷克牧羊犬。这只警犬被放在了一个设置好的模拟工作环境：一个装着甘油炸弹的榴弹桶被埋在一座烘干机下面，这部烘干机是用来烘干给总统擦车的抹布的。实际上，这个甘油炸弹并没有连接任何导火线，所以模拟的工作环境是非常安全的。

达罗在停好的车辆之间迅速奔跑，不时停下来这儿嗅嗅那儿闻闻。然后它走向了烘干机，安静地坐了下来。有些排爆犬在发现爆炸品后会吠叫，但是达罗接受的训练是要原地坐下。成功完成了自己的任务后，他得到的奖励是一个硬硬的红色橡胶球。拿到球后，它就开始把这个球当成了磨牙工具，高兴地嚼起来。

这些警犬每个月都要进行认证考核。对于新成员来说，它们要接受为期 17 周的"军训"，地点在马里兰州月桂市的特勤局警犬训练中心。在那里，警犬们要和它们的训练员成为好搭档。虽然已经接受了很多训练，但是特勤局的培训是要让它们学会检测爆炸物和应对特殊情况，比如如何应对有人翻墙进入白宫的紧急事件。

"要是有人翻墙进来，我们会马上知道，"一位特工说，"我们在人行道旁 6 英尺的范围内安装了电子眼，进行 24 小时监控，能随时感知动作和重量。房屋周围安装了红外探测器和监听器。任何一个角落都在摄像头的录影范围内。"

白宫特警队和配备了 P90 冲锋枪的应急反应小组是第一道防线。

"如果有人翻墙而入，应急反应小组会马上抓住他。有时需要警犬的帮助，有时他们自己就能搞定，"一位特工说，"他们会给狗一个指令，这只狗就能把一个重达 250 磅的壮汉扑倒在地。它会袭击他的要害，然后拿下他。

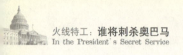

通常，白宫特警队的狙击手就埋伏在周围。"

一个手持武器翻墙而入的嫌疑人会被警告"扔掉武器"。如果他没有马上这么做，特勤局会奉命尽快将他拿下，以免发生挟持人质事件。

FBI承担犯罪特征调查的部分工作，在罗杰·德贝克博士的指导下，FBI人员会同在押的行刺者进行谈话。这些谈话对象包括刺杀了罗伯特·肯尼迪的西尔汉·B.以及曾经试图刺杀福特总统的萨拉·简·摩尔和丽奈特·弗洛米。

这些FBI调查人员发现，近年来的行刺者通常都是情绪不稳定的人，他们渴望得到注意。很多时候，行刺者会通过记日记的方式来增加他们的举动的重要性。和许多知名人士的追踪者一样，行刺者通常都缺乏对别人的信任并且易怒。

"通常他们都是独来独往，有别人在场时他们会感到紧张。"约翰·道格拉斯，一位参与面谈的调查人员在他的书《痴迷》里这样写道。行刺者会在日记中记载他们思维和幻想的细节，"他们会和自己对话"，道格拉斯说。"在刺杀之前，行刺者会幻想这件事会证明他的价值，他从此会成为大人物。这就是行刺者想要达到的目的。"道格拉斯告诉我。因此，行刺者很少有逃跑计划。通常，他们愿意被逮捕。

在监狱内的面谈中，西尔汉告诉调查员罗伯特·雷斯勒，"有一个声音告诉他要杀死肯尼迪参议员。有一次，他看着镜子，感觉自己的脸裂开，在地上摔成了碎片。这两项都是偏执型精神分裂症的表现。"雷斯勒在他名为《与怪物争斗的人》的书中写道。

西尔汉会在谈话中提及第三人。作为一个出生于信仰耶路撒冷基督教家庭的阿拉伯人，西尔汉向雷斯勒询问代号为"深喉"（Deep Throat）的FBI要员马克·费尔特是否是犹太裔。他告诉雷斯勒，他听说肯尼迪参议员支持向以色列贩卖更多战机，他相信自己可以帮美国找到一个能和以色列成为朋友的未来总统。

在约翰·辛克利企图刺杀里根总统的事件中，FBI华盛顿总部就曾经向FBI犯罪特征调查小组寻求过帮助。特勤局负责保护总统，而FBI负责调查刺杀事件及其背后的原因。

道格拉斯和雷斯勒辨别出了刺杀者的一些特征。通过这些调查，雷斯勒向 FBI 报告了辛克利的情况：他对能成为一个重要的刺杀者感到非常欣慰，并幻想自己能为此被载入史册。他把自己的行动一一记在记事本上，那上面还记录了刺杀的其他细节。此外，他还存有录有自己"丰功伟绩"的录音带。特工们根据这些线索开始搜查辛克利的家，最后，他们的发现与雷斯勒的调查结果一致。

部分刺杀者认为白宫的警戒太严了，他们会转到国会大厦动手，例如罗素·E.韦斯顿。他于 1998 年 7 月 24 日选择在国会大厦展开刺杀行动。韦斯顿从国会大厦东侧门进入，杀死了在那里执勤的国会大厦警察雅各布·J.切斯那特。他从一扇侧门闯入了多数党领袖、得克萨斯州民主党代表汤姆·迪雷的办公室。韦斯顿向白宫警察约翰·M.吉布森开火，警察开枪反击，打伤了他。

两名警察伤重身亡。民主党参议员——田纳西州的比尔·福尔斯特是一名医生，赶往国会大厦去救韦斯顿的命。

刺杀事件发生几周前，韦斯顿给自己居住的蒙大拿州的特勤局驻地办事处打了电话。他和特工诺姆·贾维斯谈过，声称自己是约翰·肯尼迪的亲生儿子并且有权得到肯尼迪家族信托基金中属于他的那一份。当时，贾维斯没有打断他，而是选择仔细听他讲话。

"我问他是否受到了来自政府某人的威胁，"贾维斯回忆道，"他对总统有什么感觉，是什么让他感到不愉快。因为精神病症患者确实会有这些症状。突然间一些事刺激了他们，他们就会发狂。"

韦斯顿没有表达对当时在任的比尔·克林顿总统有任何不满。但是几年前，他曾经给总统写过一封没什么恐吓性但的确带来了困扰的信。当时，蒙大拿州在贾维斯之前的一任驻地特工问询了韦斯顿。那位特工勒罗伊·斯科特认为韦斯顿对总统没有威胁，而且像所有优秀的特工那样，他和韦斯顿建立了良好的关系。

"韦斯顿现在不开心的时候还是会时不时给勒罗伊打电话，"贾维斯说，"他可谓是随叫随到的心理顾问。我们在工作中学会了安抚精神疾病患者。有时你偶尔会接到从某个特勤局驻地分部打来的电话，咨询一些当地的安保记录和历史信息。"

国会大厦的枪击事件发生后，特勤局发现了一盘韦斯顿录制的他和贾

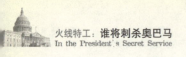

维斯谈话的磁带，贾维斯并不是很愿意回忆这段对话。但他表示，自己并不后悔选择用温和的方式像朋友般对待韦斯顿。枪击事件后，韦斯顿被收治在北卡罗来纳州罗利的联邦精神卫生中心。

如果一个人在白宫制造了麻烦，特勤局特工会把他拘留在华盛顿西北L大街的特勤局驻地或者大都会警察局，然后在那里对他进行问讯。特工们一定不会把他带到白宫附近。但是特工罗恩·萨斯坎德在他的书《世界运行的方式：一个极端主义年代关于真实和希望的故事》里提到了奥斯曼·侯萨——一个毕业于康涅狄格大学的巴基斯坦人的故事。

根据萨斯坎德的描述，2006年7月27日，侯萨正悠闲地走在白宫外，听着iPod，里面放着阿拉伯歌曲。突然，侯萨发现他面前有一队穿着制服的警察朝他猛冲过来。

"背包！"警察边喊边把侯萨按在面对财政大楼的大门上，并抢下了他的背包。其他人则把他团团围住。"另一个骑着自行车的警官一把拉开背包，把里面的东西一股脑儿地倒在人行道上。"萨斯坎德在第1章这样描述当时的情景。

据说特勤局之后押着在国际货币基金组织工作的侯萨通过一扇大门，进入了白宫院内。

萨斯坎德写道："特工们把他带到大门的警卫处，走下台阶，通过了一条地下通道，进入了一个四面都是水泥墙的房间。那里有一张桌子、两把椅子、一盏简陋的灯和一个带支架的录像机。就算经历了刚才令人震惊的事件，侯萨仍旧不敢相信真的有一个审问室在白宫地下，而且还那么黑暗潮湿又恐怖。"

在那儿，被吓坏了的侯萨被询问了是否和"扎瓦希里先生以及他的朋友"是一伙的，特工们指的是艾曼·艾尔-扎瓦西里和奥萨马·本·拉登这伙人。萨斯坎德还写道，小布什总统当时正在楼上一层看着楼下发生的一切。

萨斯坎德将那天侯萨的感受形容为"生不如死"，但侯萨却没有记下特工们工牌上的名字。

任何稍稍了解内情的人都知道，如果白宫附近有一个人形迹可疑，特工们最不想把他带去的地方就是防守严密的白宫地下。因为这些人可能就是人体炸弹。即便已经被搜身，他们的衣服里也有可能存在致命的病原体。

侯萨的遭遇已经很莫名其妙了，但特工们的行为更令人匪夷所思：侯萨想在接受审问之前先打几个电话，这个要求居然都被批准了。

"我保证我打完电话就跟你们走。"侯萨说道。

据萨斯坎德记载，侯萨给巴基斯坦大使馆、他的朋友和家人分别打了电话。这意味着特工们相信侯萨不会打给所谓的"同伙"或是拿着炸弹遥控器的"同谋"。

其实，这个在椭圆形办公室正下方的审讯室并不阴暗潮湿，采光还很不错。特工们有时会在这里休息，用这里的电脑写报告。这个房间里也存放着他们在正式场合需要穿的衣服。为了方便他们整理仪容，房间里甚至放置了穿衣镜。

侯萨拒绝对此事件作出回应。萨斯坎德告诉我说在整理这本书的材料时，他和特勤局的女发言人聊了聊，她检索了记录，没有发现关于侯萨的。萨斯坎德援引她的话说，对于曾经被审讯过的任何人，"没有留下任何相关记录"是不寻常的。

至于特勤局特工到底有没有把嫌疑犯带进白宫这个问题，萨斯坎德告诉我："白宫的地下审讯室距侯萨被捕的街道只有一个街区的距离，路程只需要半小时，把他带到这儿来审问似乎比较方便。"那炸弹和病毒呢？"他们搜过身了。"萨斯坎德这样解释。

当被问到为什么特勤局没有把对侯萨的问讯记录写进书里时，他说认为那样"不太恰当"。

当被问到对萨斯坎德的书和言论有什么看法时，特勤局负责对外公关宣传的助理特工告诉我说："我们对（侯萨）这个事件没有记录。把一个人随便带到白宫里来问讯是违反安全标准协定和安保程序的。我们会尽力避免把嫌疑人、罪犯或者任何没有经过严格审查的人带到白宫范围内。"

第 7 章

万能钥匙

小气鬼福特逃过多次暗杀

STATE OF THE UNION

和理查德·尼克松不一样，特工们发现代号为"万能钥匙"（Passkey）的杰拉尔德·福特总统是一个尊重他们工作的正派人，但他的吝啬却让特工们很吃惊。负责他安保工作的特工说："出行在外时，早晨他会在下榻的酒店买报纸，但他一分钱也不带。如果他的随从不在身边，他会跟特工要钱。"

特工们记得，有一次福特入住纽约皮埃尔酒店，一个门童用推车把福特的行李运进了他的房间。

"这个门童忙完了，手里拿着一美元，用西班牙语骂骂咧咧地从房间里出来。"福特手下的前特工说。

福特离职后住在幻象山庄，"那里有一个高尔夫球场，是那种高级的乡村俱乐部。通常给球童的小费在 25 ~ 50 美元不等，但福特只给 1 美元，有时候根本就不给。"另一个特工说。

1975 年 9 月 5 日，26 岁的丽奈特·弗洛米，拿着一把柯尔特 .45 口径自动手枪向总统扣动了扳机。当时福特正站在加利福尼亚州萨克拉门托的参议员酒店外向民众挥手致意。围观者说福特正微笑着和每个人握手，突然一下子面无血色，因为看到几英尺外举起的一把手枪。

"我看到一只手举起来，就在前排几个人身后的位置，很明显地，那只手里拿着枪。"福特回忆道。

特勤局特工拉里·鲍恩多夫已经发现一个女人在随着总统移动。在弗洛米准备射击时，鲍恩多夫跳到福特身前掩护他——他迅猛地夺过了手枪并把她按在地上。后来调查人员发现，她把枪的击铁堵住了，枪膛里没有子弹，4 枚子弹在弹匣里。弗洛米后来称她是故意把子弹退出枪膛的，并且她给特工看了她留在家里的子弹。

　　弗洛米是查尔斯·M. 曼森的疯狂追随者，她曾和另外 6 人因为刺杀女演员莎朗·塔特而获罪。刺杀福特总统前的 2 个月，弗洛米发出了一个言论，称她收到了曼森的亲笔信，信上说她的入狱应由尼克松负责。

　　刺杀事件发生 17 天后，福特正准备离开圣弗朗西斯科酒店，萨拉·简·摩尔，一位 45 岁的政治激进分子在距他 40 英尺远的地方向他开枪。在新闻报道上，福特看起来已经被吓晕了——照片里的他面无血色，呆呆地站在那里。

　　刺杀发生时，身体残疾的前美国海军士兵，同时也是越战老兵的奥利弗·西普勒就站在刺杀者身边。当摩尔开枪时，他大力地推了她的手臂。福特迅速躲开了，子弹就在他头上几英尺飞了过去。这颗子弹飞过了酒店，轻伤了人群中的一位出租车司机。

　　特工罗恩·珀西斯和杰克·马什特很快把摩尔推到了人行道上并逮捕了她。就在围观者还在尖叫时，特工们将毫发未损的福特推进了他的豪华轿车，并让他躺在车厢内，用自己的身体掩护福特。

　　摩尔在酒店外等了福特 3 个多小时。她穿着宽松的裤子和蓝色雨衣，并且一直把手插在衣服口袋里。特工们有时会要求在场的群众把手从口袋里拿出来，但是这一次，她周围的人太多了，特工们没有注意到她。

　　摩尔是唯一一个在进行刺杀前就被特勤局资料库记录在案的可能对总统造成危险的攻击者。在行动的两天前，摩尔给圣弗朗西斯科警察局打电话，说她有一把枪并且正在考虑“测试”一下总统的安保队伍。第二天，警察对她进行了问询并没收了她的枪。

　　警察把她报告给特勤局。在福特到达圣弗朗西斯科的前一天，特勤局也问询了她。他们认为她对总统的威胁性还不足以安排监控人员对她进行 24 小时追踪。但事实上，第二天早晨她又另外买了一把枪。

　　特工们怀疑是那次问询直接导致了刺杀事件的发生。一个特勤局特工告诉我：“那些精神不太正常的嫌疑犯会想，‘我最好完成这件事。’而理性的人会想，‘妈的，我差点儿被捕！’”

　　接下来的一个月，另一起刺杀事件使福特相信自己正在走霉运。1975 年 10 月 14 日，福特结束了在康乃狄格州的哈特福特给共和党作筹措资金的演讲，他的车队正开往机场。摩托车骑警本应该阻断车队途经的小巷，骑警队会一个街区接着一个街区地进行交替巡视。当车队通过一条狭窄的街道时，警察已经离开了。19岁的詹姆斯·萨拉米提斯在绿灯时开着一辆别克轿车进入了这个街区，撞向了总统的豪华车。

特勤局司机安德鲁·哈什急忙左转弯。这种做法减轻了撞车的冲击力，但是福特还是被撞到了车厢地板上。总统座驾的挡泥板被撞了个大坑，停在路边。这时全副武装的特勤局特工包围了别克车，把瑟瑟发抖的司机拖了出来。

"我看了看另一辆车，发现看着我的正是福特总统，我当时就认出了他。真是难以置信！"萨拉米提斯回忆道。

刚开始时，特工们认定这场车祸是为了取福特的性命的。但是结束了对萨拉米提斯几个小时的盘查，他被释放了，并且哈特福特警方说车祸发生的责任并不在他。

媒体报道把福特描绘成一个又蠢又笨的人，但是在特工眼里他可不是这样的。他是密歇根大学橄榄球队的最有价值球员，还是滑雪专家，滑雪跟不上他的特工经常被他嘲笑。最后，特勤局在他的贴身保镖队伍里增加了一位世界顶尖的滑雪高手。

"福特是一个'运动型男'，"他的贴身保镖丹尼斯·乔米基说，"他每天都坚持游泳，高尔夫打得也不错。对，他滑雪也很厉害。"

但是在他结束任期后的一天，福特开着一辆电动高尔夫球车在加州棕榈泉乱转，结果他不小心撞到了挂在电动高尔夫球车车棚墙上的仪表盘。

"整个仪表盘都掉下来砸在了他的车上，"乔米基说，"他气得火冒三丈，看着我说，'你说，这么多年它们都挂在上面好好的。记者们总是说我晦气。好吧，他们说对了。我就是个笨手笨脚的王八蛋！'然后他就走开了。"

和很多总统不同，福特从没卷入过什么绯闻。直到1987年5月，《迈阿密先驱报》曝光了加利·哈特和唐娜·赖斯的"飞机丑闻"，在此之前媒体从未报道过任何总统和总统候选人的婚外情事件。事实上，纵观美国历史，那些获悉总统婚外情的媒体通常都会替这位"白宫老大"打掩护。然而，美国高官不断卷入婚外情所表露出来的政治家的伪善和缺乏判断力，值得选民们好好思考。

讽刺的是，这家"第一个吃螃蟹"的媒体的政治版编辑汤姆·费德勒在专栏里为民主党的主要竞选人哈特辩护，反对把哈特称为玩弄女性的人，认为这种说法毫无证据。一个不肯透露姓名的女性给费德勒打电话说不同意他的观点。她说她的一个朋友，一位迈阿密的兼职模特，在周五会飞往华盛顿和哈特共度周末。据打电话的人说，这位模特是个十分美丽的金发女郎。

费德勒、记者吉姆·麦吉和调查编辑吉姆·萨维奇对照航班时刻表选择了一班周五，也就是 5 月 1 号飞往华盛顿的直达航班。麦吉搭乘这班飞机并发现了几个符合描述的女郎。其中一个拿着一个特别闪亮的手提包。他们刚降落到华盛顿，她就消失在人群中了。

麦吉乘出租车到了哈特的别墅，他看到了在飞机上见过的那位拿闪亮提包的女郎和哈特手挽手走出哈特在华盛顿的家。费德勒和萨维奇于周六到达，麦吉和同事看着他们俩在接下来的 24 小时内在别墅进进出出。当哈特走到外面发现他们时，他们与哈特对质并询问了关于坐在他家里的那位年轻美人的事。

哈特说他没有和任何人在一起。

"我和你们在追踪的那个人没有任何私人关系。"哈特说。他将那位女郎描述成一个来华盛顿见好友的"朋友的朋友"。

那晚，由于赖斯的身份还没确定，因而整个事件还未明了。萨维奇、费德勒和麦吉见到了哈特的一位华盛顿朋友，就是他把这位总统候选人介绍给赖斯的。萨维奇指出如果哈特自己不承认性丑闻的话，他在报道时可是会使劲往坏里写。于是，这个故事就登上 5 月 3 日《迈阿密先驱报》的周日版。那天早晨,哈特的新闻发言人告诉美联社，这位女郎就是唐娜·赖斯。

同一天，《纽约时报》发表了一篇报道，援引了哈特否认有婚外情的话。他向记者们发出挑战说："跟着我吧……你会很无聊的。"哈特继续否认和赖斯发生婚外情的事，但是 CBS 播出了他们乘豪华快艇到比米尼游玩的自拍录像。根据 CBS 的报道，在赖斯还没被认出来之前，他们从游艇上下来，一起进了当地的一家酒吧。《国家询问者》紧接着刊登了在船上赖斯坐在哈特腿上的照片。哈特被迫退出大选，这就是他自欺欺人的后果。

事实上，故事远远不只这些。根据哈特贴身保镖的描述，和赖斯在一起之前，哈特就听从他的政治顾问——男演员沃伦·比蒂的建议，通常只

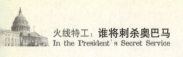

和洛杉矶的漂亮模特以及女演员交往。

"沃伦·比蒂会把他在穆赫兰大道的房子的钥匙给哈特，"特工说，"那里距杰克·尼科尔森的家很近。"比蒂会安排"十几个"20岁上下的姑娘去见哈特。

特工回忆道："哈特会说，'我们在等客人。'天气暖和的时候，她们会穿着比基尼跳到游泳池里，有时甚至是上身赤裸。这些'客人'在这过夜，通常第二天天不亮就走。比蒂是单身，但哈特可是一个竞选总统的参议员，还结婚了呢！"

特工说："他通常会同时和两三个姑娘在一起。我们会说，'那是十人行，那是九人行。你看见了吗？你相信吗？'哈特一点也不在乎。他就像一个进了糖果店的孩子。"

哈特的新闻发言人盖尔·萨梅克在被问到对此事有何评价时，答道："哈特参议员把精力集中在现在而不是过去，所以我无可奉告。"

第 8 章

皇 冠
白宫深深深几许

STATE OF THE UNION

要进入白宫西翼办公楼，来访者都需要按下在西北门对讲机上的白色按钮表明身份。如果来访者看起来很正常，白宫特警队警员会通过电子装置打开大门，让来访者进去。接着，他需要将驾照或附有照片的身份证明，通过一个窄缝交给坐在防弹岗亭中的4位白宫特警队警员中的任何一位。

在被允许进入白宫之前，预约的来访者必须提前提供他的社保号码和生日。白宫特警队会查阅FBI列出的国家犯罪信息中心的档案和资料，检查来访者是否有犯罪记录。

除了特勤局关注的危险分子名单外，白宫特警队也确定了一个"禁止进入名单"，名单上的上百人都因为在白宫制造过尴尬事件而不允许再次入内。比如，白宫新闻处会因为一个记者在不对外开放的区域游荡而将他列入这个名单。

如果一个预约拜访者的背景清白，他会拿到一张通行卡并被允许进入安全监察区。他需要刷卡通过金属探测器，出来后他才可以继续向西翼办公楼前行。多年来，当人们说到白宫，联想到的都是宾夕法尼亚大道1600号的白宫主建筑，那里是总统官邸，也曾是他们的办公地址。亚伯拉罕·林肯的办公室现在被称为"林肯卧室"，位于白宫二楼。通过最近的电视剧，公众才明白西翼办公楼才是现在总统"安营扎寨"的地方。

西翼办公楼是在1902年成为白宫的一部分的。1909年，总统的椭圆形办公室开始进驻西翼办公楼南侧的中心区。1934年，它被转移到了现在的东南角，俯瞰着玫瑰园。最终，在1942年作为"第一夫人"办公室和白宫军事办公室所在地的东翼办公楼也建成了。

去西翼大楼的来访者要通过设置在通往西翼大楼路上的三脚架上的十

几个电视摄像机。这条路，曾被称为"鹅卵石滩"。现在因为用扁石代替了鹅卵石，媒体开始称它为"巨石阵"。门厅主入口左侧的独立入口直接通往詹姆斯·布莱迪新闻发布室。进入白宫的记者需要经过特勤局的背景检查以确定他们的新闻记者身份，这需要在他们进入安检大门前完成。

即便是有预约，特勤局不会允许有暴力或诈骗历史的申请人进入白宫。假设一位来访者 10 年前因吸食大麻获罪，警官会通知邀请这位来访者的白宫官员。接着，由他来决定是否让来访者进入，他们有时会编出取消预约的借口。

偶然情况下，一个被通缉的逃犯预约与代号为"皇冠"（Crown）的老布什见面。在老布什总统执政期间，一个因严重盗窃被通缉的嫌疑犯计划和老布什的朋友一起进白宫。他在进门前报出了自己的社保号码，随即便被赶来的特工逮捕。

"如果有记录，电脑会显示'此人为授权拘捕的嫌疑犯，请通知特工。'"一位特工说。

理查德·C.韦弗自称是一名基督教牧师，在 2001 年小布什总统的就职典礼上通过了层层安检，走到小布什面前和他握手并交给他写有"以上帝之名"的字条和一枚就职硬币。特工们把他称为"握手人"，韦弗在克林顿总统就职时也做了同样的事情。小布什的就职典礼后，他又做过几次尝试想要接近总统和参议员。

"他的照片被贴在每一间警卫室里。"一位特工说。

在总统应该受到多大程度的保护这个问题上，白宫周围的警卫数量总是争论的焦点。几十年来，哥伦比亚区政府反对限行白宫门前的宾夕法尼亚大道。当危险事件或游行示威发生时，特勤局会将街道封锁，或者用巴士将白宫围起来。在里根执政期间，白宫建筑群周围设置了纽泽西护栏。1990 年，它们被替换成了护柱。大门上也增加了铁梁。"9·11"事件之后，小布什政府将宾夕法尼亚大道变成了步行广场。

"我们加固大门的原因之一在于，有人想通过开车撞开大门见到总统，大门加固铁梁后，一辆两吨重的卡车以每小时 40 英里的速度撞过来，它也能承受。"一位资深特工解释道。

特勤局技术安全小组在白宫入口处安装了探测放射性物质和爆炸物的

装置。技术安全小组里充满了像詹姆斯·邦德的技术顾问Q博士那样的大师。他们会在白宫和酒店房间里搜索窃听器，这些窃听器是用来记录之前入住的客人的对话的。在罗纳德·里根要入住的洛杉矶的一间酒店时，技术安全小组就在他的套房内找到一个窃听器，结果查出前一位房客是英国音乐巨星埃尔顿·约翰。

技术安全小组会对白宫的空气和水做抽样检查，用于检测污染物、放射性物质和致命细菌。他们使白宫保持较高的气压以便排除可能的污染物。在遇到化学袭击时，特工们会将一种特别的应急头巾套在总统的头上。为了预防病原体或其他生物危机通过邮寄传递，技术安全小组每年都要扫描检测近百万封寄到白宫的信件。通过和洛斯阿拉莫斯国家实验室或桑迪雅国家实验室合作，他们在对物理或网络安全隐患的寻找和风险评估方面具有最高水平。

为了防止刺杀者在通过了所有安保措施后接近总统，技术安全小组在椭圆形办公室和总统居住区设置了紧急求救按钮。在遇到紧急医疗情况和暴力威胁时都可以使用它求救。很多急救按钮都是被安置在座位或者桌子下的。紧急警报一响，特工们就会马上全副武装奔赴出事地点。

另一次戏剧化的袭击事件发生在1994年10月29日下午2点50分。那时，弗朗西斯科·马丁·杜兰站在宾夕法尼亚大道南侧用一支中国SKS半自动来复步枪向白宫射击。在跑向十五大街时，他停下来装子弹，一个游客抱住了他。白宫特警队立即追过去，但是发现有许多游客和杜兰扭作一团，就没有开枪。

"我真希望你打我一枪。"杜兰在警官逮捕他时说。

事后确认，杜兰是看到一个白发的人从白宫里走出来时开火的，所以特工们认定杜兰可能认为自己在向克林顿开枪。他因为企图谋杀总统而被判刑40年，还要向政府支付3 200美元的罚款用于白宫损毁之处的维修，包括将记者室的窗户换成防弹玻璃。

1994年12月接连发生了4起这样的袭击事件，很有可能是受之前的"先驱"的影响。12月20日，马塞利诺·康尼尔手握利刃，穿过宾夕法尼亚大道冲向白宫。白宫特警队的警员和公园巡警们命令他放下武器。当他拒绝并向一位公园巡警刺去时，另一名公园巡警开枪打死了他。

没有出现在新闻上的是，"这个人的手臂上用胶带贴了一把 7 英寸长的刀，所以当警察让他放下刀时，他根本做不到，"前特工皮特·道林说，"这就是所谓的'自杀式袭击'。"

事发后第二天，白宫特警队打开西南大门让一辆经审核批准的车辆入内。突然，一个男人冲进来，跑向大楼。特工制服并逮捕了他。这个人精神不正常而且对白宫很痴迷。

两天后，一个人在南草坪拿着手枪向大楼开火。可是那把枪的射程太短，这两枪一枪射到了国家礼宾层的阳台，另一枪射穿了国家礼宾层餐厅的窗户。白宫特警队对南行政大街人行道上的行人进行仔细排查，把目标定在了一个精神紧张的男人身上，一个公园巡警逮住了他，搜出了作案的手枪。

1994 年 9 月 11 日发生的事件，证实了白宫安保上的弱点。那一晚，喝了酒又吸食了可卡因的弗兰克·E. 科德发现了一把塞斯纳 P150 喷气机的钥匙，这架飞机在马里兰州彻奇维尔的阿尔迪诺机场被借出后又归还。虽然这位 38 岁的卡车司机没有飞行执照，但是他上过一些飞行课并且多次驾驶过这种型号的飞机。

科德偷了飞机并驾驶着它飞往白宫。接着，只见他一个急转弯直冲向白宫。飞机是不允许飞过白宫上方的，所以军队必须快速决定是否要击落飞越白宫的飞机。"9·11"过后，民用飞机的驾驶舱的安保措施都有所加强，几乎每个航班上都有一位空警，而且很多飞行员都佩有武器，这样飞机就不会被恐怖分子"征用"了。但"9·11"后，任何一架违反飞行限令在白宫上空穿越，并且不听从军事指令的飞机都会被导弹或战斗机击落。每一年，都有近 400 架大型民用飞机被禁止飞行并且在"将被击落"的警告下迫降。设在特勤局总部的联合作战中心要同联邦飞行总署和华盛顿里根国家机场进行 24 小时的沟通协作，还要对这个地区飞行的飞机进行雷达监测。

科德的飞机在午夜 1 点 49 分坠落在行政楼以南的草坪并滑向路面。科德没想到为了举办某个活动，白宫前的南草坪树立起了一块 33 英尺高、110 英尺长的索尼超大电子屏幕。

"他根本不可能飞进白宫，"当时正在保卫总统的贴身保镖皮特·道林说，"他无法驾驶飞机躲开大屏幕，所以只能早点儿降落。结果他撞在了白宫南边正对的木兰树上。"

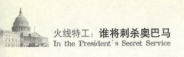

在这次事故中，科德由于身体多处受到钝器所伤，最后医治无效死亡。那时白宫正在整修，而克林顿总统和家人正住在布莱尔国宾馆。

虽然科德对克林顿的政策有所不满，而且他的第三次婚姻也刚刚触礁，特工们认定他和大多数刺杀者一样，只是为了获得一个臭名。他曾告诉他的朋友们，他想"用一种大张旗鼓的方式自杀"，比如开飞机撞白宫或国会大厦。

科德的哥哥约翰说，科德曾经对一个名叫马蒂亚斯·路斯特的德国少年大为赞赏。路斯特曾在 1987 年开着一架塞斯纳飞机越过重重阻碍飞越了苏联领空并降落在红场上。约翰·科德援引他弟弟对这位德国少年的评价："这小伙子出名了。"

1974 年 2 月 17 日，发生了一件让白宫特警队尴尬不已的事。那天美国陆军上等兵罗伯特·K.普雷斯顿从马里兰州的米德堡基地偷了一架直升机，并且在晚上 9 点半降落在了南草坪。

白宫特警队并没有向直升机开火而是给一位有经验的特工家里打电话，问他该怎么处理。那时直升机已经飞走了。50 分钟后它又飞回来了。这次白宫特警队和特勤局派出的快速反应小组用霰弹枪和冲锋枪向它进行扫射。

"他们拼命向它扫射，"一个特工说，"当他第二次降落时，他打开门滚到直升机下面。这救了他的命。我们朝飞机打了 70 发子弹，打向驾驶舱的就有 20 发。要是没滚到飞机下面，他早被活活打死了。这次飞机再也不会起飞了。"

普雷斯顿，20 岁，他在飞行学校因为考试不及格而被要求退学。他想做的可能就是显示他的飞行技术。他受了些轻伤，被判处一年苦役和 2 400 美元的罚款。

当时，总统尼克松和夫人帕特都在白宫。

第 9 章

豺 狼
通力协作，火拼暴徒

在内部行话里，特工们将所有潜在的暗杀者称为"豺狼"(the jackal)。豺狼的进攻通常选择在总统离开白宫的庇护时。豺狼会在总统最易受攻击的时候也就是在白宫外时对其进行突袭，而且往往是当总统到达或离开某场合时。每周总统离开白宫参加华盛顿的某项活动或在国内外旅行时，豺狼们的机会就来了。

即便是总统到朋友家里拜访，特工们的安保工作也丝毫不能马虎。小布什在任期间，一次他和夫人劳拉应邀在高中密友科雷·约翰逊和安妮夫妇家中吃晚餐。受邀的还有小布什在耶鲁大学的朋友罗兰·W. 贝茨和FBI局长罗伯特·S. 穆勒三世以及他的夫人安。在彻查过这所在华盛顿春之谷的民宅后，特勤局还在地下室设立了指挥所。

"他们要求在饭厅里挂上窗帘，连总统坐的位置都有要求，"安妮·约翰逊回忆道，"特工们驻扎在庭院多处，还把禁止停车的圆锥标志放在房子前面。"

特工要求约翰逊夫妇清理出一个至少可以容纳两人的衣橱。

"在危急时刻，一个特工会迅速拉着总统，两人一起钻进衣橱。那情景肯定会很搞笑，因为布什总统至少还抓着劳拉的头发。"

安妮·约翰逊问一个特工："在危急时刻，其他人该怎么办？"

特工回答："我只负责保住一个人的命，那就是总统。"

总统出行前10天，至少有8～12个特工会先飞抵目的地。这阵势与当年肯尼迪总统在达拉斯出访时仅有2名特工的先行队截然不同。当时特勤局只有300名特工，今天已经壮大成有3 404人的组织。

现在，一支先行队包含一个组长、一个交通特工、一个飞行特工、各活动驻点特工、一个宾馆先行特工、一两个后勤特工、一个技术安保特工和一个情报特工。作为先遣准备的一部分，一个来自白宫通信局的军事通讯专员分队负责处理无线电通讯、电话及传真方面的工作。他们将装备和新增添的人手用空军 C-130 运输机载至指定地点。白宫特警队的反狙击小组和特勤局特种作战部队的反突袭小组也可能会提前派遣特工到现场。

对白宫外总统安全的保护，反突袭小组是至关重要的。这是一支装备精良的作战单位，被分派给总统、副总统、国家元首或其他保护对象，比如任何一个必定需要额外保护力度的总统候选人。在一次袭击中，反突袭小组的任务是掩护保护对象并确保保护对象的安全转移。当出现的"麻烦"被解决了，小组将会重新组合，值班组长会指导他们执行下一项任务。

特勤局首先于 1979 年开始在特定事件中动用反突袭小组。根据当时参与组建的特工之一泰勒·拉德的回忆，这个小组是在几个参与培训的特工在午餐中聊到如何应对恐怖袭击这一问题后才组建的。在里根总统于 1981年被枪击后，这支队伍开始扩大并最终于 1983 年在总部集中成立。与在进攻发生后由警局或特勤局部署行动的特警队不同，代号为"鹰眼"（Hawkeye）的反突袭小组在进攻开始时就会采取行动。

"1979 年前，除与总统同乘的特工外，我们还根据当时情况部署 5 到 6名装备乌兹冲锋枪的特工坐在大马力的'肌肉车'上，"反突袭小组的创始者之一的威廉·阿尔布兰切特说，"如果发生了什么，他们应该迅速组建火拼团队或至少准备好弹药，为总统再增添一层保护。一旦受到攻击，他们必然反击。对特工而言，他们的任务就是掩护和撤离保护对象，带他逃离那个鬼地方。如果是在极端危险的交火地带，他们会加大火力让保护对象能平安脱险。"

"关于大马力车的概念原本十分模糊，而对于敌对火力的认定标准也并不清晰，"阿尔布兰切特说，"反突袭小组的出现，替代了原本不健全的安保理念，对特勤局应对恐怖袭击的反应机制作出了标准化和系统化的改革。"

反突袭小组成员会身着黑色作战服随同总统出行。他们接受了关于分散作战中与持械敌人短兵相接的近距离战斗训练、车队伏击和建筑防御战术培训。

每一位反突袭小组队员都会配备一支全自动 SR-16 来复步枪、一把西格绍尔 P299 手枪和用于牵制战术的闪光弹和烟幕弹。小组队员也会配备改良式的短管雷明顿霰弹枪，枪里会装上非致命的哈顿弹药，专用于击落门锁。

1992 年 1 月 12 日，在老布什总统出访巴拿马市时，一场示威游行发生失控，反突袭小组就此展开了行动。特工迅速将老布什总统和夫人带回他们的总统轿车。他们毫发未损地离开，而特工未费一枪一弹。

1995 年 8 月，克林顿总统在怀俄明州杰克森豪尔高尔夫网球俱乐部打高尔夫球时，反突袭小组也部署了行动。特工发现，一个工人在球场边缘一座建设中的民宅房顶用来复步枪正瞄准克林顿。结果这个人只是想用来复步枪上的瞄准镜从高处看清楚总统一行。特工在审问过后就释放了他。

和反突袭小组不同，同样身着黑色制服的反狙击小组并不随同总统车队出行。这支特勤局内部代号为"大力神"（Hercules）的分队，会在主出入口设岗。比如，总统要出入白宫时，他们就会埋伏在街对面的屋顶和阳台上。

因此，反狙击手们可以及时发现远距离威胁，并用他们的 .300 口径温彻斯特玛格南来复步枪做出应对。这些来复步枪都是为射手们量身定做的。每个小组也会配备一把斯通纳 SR-25 步枪。这些狙击手每个月都要进行千码射击测试。如果未能达标，他们就离下岗不远了。

反狙击小组和反突袭小组协同工作。如果反突袭小组成员需要从建筑物内随车队离开，组长会先询问反狙击小组外面的情况是否安全。

同当年肯尼迪达拉斯遇袭事件草率制订的检阅游行路线形成鲜明对比的是，特勤局法政事务部现在为总统车队行进沿途建筑建立了虚拟三维模型，这样特工们可以对可能发生的意外有所预想，并能在遇刺一旦发生时当场迅速反应。而往往，在行进车队中意外是更容易发生的。他们还会将总统出席活动的楼层平面设计图制成幻灯片放映。

作为先前准备的一部分，特勤局会指定如消防站作为安全屋以防意外事件的发生，并标示出通往当地医院的最佳路线，同时将即将到来的总统访问预知医院。

如果总统有入住酒店的计划，特工们会接管他居住楼层及上下各一层的所有房间。他们会检查地毯下和相框里是否藏匿有可疑物品或爆炸物。他们会为总统进入的每个房间都设计好疏散通道。

"要是总统在酒店过夜，我们会保障他所住房间和楼层的安全，确保他像在白宫一般，"一名特工说，"我们会将之封锁，保证那一层没有闲杂人等。如果那一层很广大，我们会把它分开。最重要的是，绝对不会有任何无关人等出现，我保证。"

在总统进入酒店房间前，特勤局对策小组会对之进行辐射扫描，及电子窃听器和摄像设备搜索。这对酒店的长期住客会有些麻烦。特工要求他们暂时搬到酒店的其他楼层。通常酒店会为他们免费提供更好的房间，但有些人还是不同意搬离。

"如果他们说，'我们绝对不走'，那我们就不会让总统住在那里。"一名特工说。

和我们普通人一样，总统也不喜欢被困在电梯里，所以特勤局会聘请一家当地电梯维修公司的一名值班维修工人为总统下榻的酒店驻点，并按日支付。

特勤局会检查为总统准备食物的员工的身份背景。如果他们有施暴或滥用毒品的历史，特工会要求酒店让这名员工放一天假。为保证没有人往总统的食物里投毒，特工们会监督厨师做饭，随意选择一道菜，而在上菜时也要有特工在场。经审查通过的员工会佩戴色码标志。当总统在海外出行时海军膳务员有时会为总统准备餐食。但白宫内部准备食物的过程，特工是不直接参与的。

"我们不可能什么都看着，"一名特工说，"不过大多数的事务我们都已经检查了。我们有一些供应商名单。我们会对员工检查一次然后不定期复查，看是否有新员工出现。"

第10章

执 事
像做演员那样做总统的卡特

如果特工们认为理查德·尼克松是最奇怪的当代总统, 吉米·卡特则会被认为是最不受欢迎的一位。如果说测试一个人品质的标准在于看他如何对待小人物上, 卡特则必然不及格。对于在白宫内帮助和保护他的寻常人物, 卡特总是报以轻视的态度。

"刚来白宫时, 他不想让警员和特工在他前往办公室途中看他或跟他说话, "白宫的助理迎宾员纳尔逊·皮尔斯说, "他不想让他们注意到自己的经过。我一直不明白他是怎么想的。不穿上鞋子或是一件袍子, 他是不会前往总统办公室的。"

"如果他不对我们讲话, 我们从来不能主动说话, "特勤局白宫特警队队长弗雷德·瓦尔策尔说, "卡特抱怨过他不想让他们(白宫警察)主动打招呼。"

特工约翰·皮亚斯基贴身保护了卡特3年半, 其中包括7个月担任总统座驾司机的时间。但是他说, 卡特从没和他说过话。与此同时, 卡特还试图在大众面前建立一个出行时自己拿行李的勤勉形象。但那不过是装出来的。当他于1976年竞选时, 他会在媒体记者出现时自己拿行李, 剩下的时间则都是特工在帮忙。

"卡特会让我们把他的行李从行李箱拿到机场, "前特工约翰·F.柯林斯说, "但是那并不是我们的工作, 后来我们就不再替他拿行李了。有一次, 我们把行李箱打开后又关上了, 把他的行李故意落在车里。他两天都没有衣服穿。"

担任总统期间, 卡特在他的行李上用了不少花招。

"他在出行时, 会乘直升机去搭乘停在安德鲁斯空军基地的'空军一号'。他会卷起袖子, 把包扛在肩上, 但它是空的。他希望人们以为他给自己拿行李。"前特工克利福特·R.巴拉诺斯基说。

"在要去什么地方时，卡特总是表演从行李箱拿出随身大背包自己扛着，事实上包里什么都没有，"他的另一个贴身保镖说，"包是空的，这不过是他在演戏。"

在赢得大选后的第一个圣诞节早晨，卡特踱出其位于佐治亚州普莱斯镇住宅的门口去取报纸。他竟没有向站岗的特勤局特工道声"圣诞快乐"，就这么视而不见地走了过去。结束了教会活动和圣诞早餐，卡特夫人罗莎琳为他们的暹罗猫留下了一些剩饭。根据特工约翰·柯林斯的回忆，卡特的贴身保镖和一只流浪的杰克拉塞尔犬关系很好，并给了他一个和给卡特一样的以字母"D"开头的代号——"海豚"（Dolphin）。

看到了食物，"海豚"开始狼吞虎咽，连猫也被挤开了。根据另一个在场的特工回忆，卡特有一把弓锯，就是用来锯树的那种，他曾经拿这把锯去袭击狗。

"在全家人包括他母亲莉莉安的眼皮底下，卡特从堆放在庭院里的木堆上取下那把锯子，想要把那只狗杀掉，"在场的特工说，"'海豚'比卡特动作快得多，嬉闹着躲避他。卡特把贴身保镖组长叫进来命令他把狗弄出普莱斯。特勤局于是将这只狗给了媒体做有关总统轶闻的后续报道。"

令人难以置信的是，卡特还拒绝履行总统应负的最大责任，那就是在出现一旦核攻击时作出及时反应。当他去度假时，"卡特并不想把'核足球'留在普莱斯镇的老家，"一名特工说，"普莱斯镇没有适合的地方安置，军队在那需要一辆追踪拖车，但是卡特不喜欢，所以携带'核足球'的军事助理不得不待在距卡特家 15 分钟车程的阿梅里卡斯。"

根据已商定的协定，即使在出现核袭击时卡特也不能通过电话联系在阿梅里卡斯的军事助理发动反击。估计等到军事助理开车到达卡特家中时，美国可能已经处于即将被核弹头导弹从世界地图上抹去了的最后 5 分钟的境地了。

"他要开上 10 英里，"一名特工说，"卡特不希望任何人在他的地盘上打扰他。他想要隐私。他很不一样。"

通过他的律师特伦斯·B.阿达姆松，卡特否认了他拒绝将"核足球"随身携带，放置在他普莱斯镇的老家中，以及他指示白宫特警队特工不许在白宫和他打招呼的事。但是比尔·加利，一名曾负责此工作的白宫军事办公室主管，确认卡特拒绝让军事助理驻扎在他家附近。"我们尝试在随总统出行的医生和带有'核足球'的助手在普莱斯的住所旁放置一辆追踪拖车，"加利说，"但是卡特不批准，他根本就不在乎这些。"

代号为"执事"（Deacon）的卡特是一个情绪化又多疑的人。

"当他心情不好时，别拿任何事情去烦他，"一名前特工说，"他顽固坚持的态度仿佛是说，'这是我的表演。'他不相信周围的任何人。他平时笑容可掬，可是当他在白宫里的时候，就是另外一回事了。"

"想要看到卡特的笑脸，就只有他在镜头前的时候。"曾定期担任卡特贴身保镖的前特工乔治·史摩尔弗说。

一名前特工回忆到："卡特常说，'我说了算，一切尽在我的掌控中。'他事无巨细，样样都管。即使是需要用网球场都必须向他请示。真是很荒唐。"

一天，卡特发现白宫的炉排正在冒水。

"那是一个紧急发电系统，"白宫军事办公室助理主管威廉·卡福说，"卡特对它产生了兴趣并开始详尽了解。他往往会事必躬亲地仔细了解，并总能搞得天翻地覆。他会每天都问主管，'这得花多少钱？还需要哪个部分？这什么时候发生？哪个螺栓和哪个轮缘是接在一起的？'"

卡特曾在记者会上公开否认白宫助理需要就使用网球场向他请示的传闻。然而，这个否认更是欲盖弥彰。实际上，即使在乘"空军一号"外出时，他也坚持助理必须请示此事。

"关于使用网球场的事情确实是真的。""空军一号"空服总长查尔斯·帕尔默说。因为其他助手不敢去找卡特提申请，帕尔默总是被推上"前线"。

"他（卡特）会在飞机上批准谁可以用场地，"帕尔默说，"大多数人都会在他不在的时候用场地。如果总统心情不好，助手会说，'你带着消息进去吧。'若是某天出了什么问题，没人想跟总统说话。最后总是，'给总统传张纸条吧，我可不想被他吼。'"

帕尔默说卡特看起来非常享受权势。"有时，卡特会迟迟不给出回复，自鸣得意地说，'我会告诉他们的。'其他时候，他则会笑眯眯地看着我说，'我同意了。'我感觉他把那当成一件大事。我完全不明白他为什么要那样做。"

在他执政的早年，卡特宣称白宫是"无烈酒的"。每一次举行国宴时，白宫都会向媒体清楚声明，国宴上只有果酒，没有烈酒。

"卡特一家人是全世界最大的大话王，"加利说，"这些消息都是为了把烈酒都清除掉。'空军一号'上，戴维营里或者白宫都不能有。这都来自卡特一家的亲密伙伴们。"

加利对白宫军事助理说："把酒藏起来，咱们看看会出什么事。"

据加利说，"在他们到白宫的第一个周日，我接到了膳食处打来的电话，'他们想在去教堂前来杯血腥玛丽。该怎么办？'我说，'给他们找点烈酒吧。'"

"我们从未停止给卡特供酒。他有时候会要一杯马蒂尼。"他也会喝麦格淡啤酒，代号为"舞者"（Dancer）的罗莎琳会喝螺丝起子。

然而，后来卡特的母亲莉莉安·卡特的说法则打了卡特一个嘴巴。在1977年《纽约时报》访谈中，她说，即便官方称白宫是"无烈酒的"，她住在那儿时每天下午都会搞一杯波本威士忌喝。

"有一天晚上她对一个仆役长说，'我习惯每天睡觉前都喝一点儿。你可以每晚给我搞来一点儿白兰地吗？'"白宫行政管家雪莉·本德尔说。

在副总统"德国佬"瓦尔特·蒙代尔第一次到卡特老家拜访时的一天晚上，莉莉安敲开了一个已被特勤局用作指挥所的温尼贝戈家的房门。

"我打开门，莉莉安女士拿着一只装着6听啤酒的纸袋站在门外。"蒙代尔贴身保镖小组的大卫·柯蒂斯说。

"我给小伙子们带来点儿东西，"莉莉安说，"别告诉吉米！"

"谢谢您，可我们不能收。"柯蒂斯回答。

在他执政期间，卡特经常上演在早晨五六点钟就到达椭圆形办公室的经典戏码，希望借此展现他为美国人民鞠躬尽瘁的工作态度。

"他会在早晨6点走进白宫，稍稍工作半小时，然后拉上窗帘睡个回笼觉，"卡特的贴身保镖小罗伯特·D.沙里曼说，"他的手下会告诉媒体他在工作。"

另一位特工称，他曾经见到卡特在对外声称的办公时间里趴在办公桌上打盹儿。

卡特公开表示白宫能通过房顶上的太阳能装置加热水以节省能源。"那些热水连给员工餐厅洗盘子都不够用，"卡福说，"这真是个大失败。员工餐厅需要另买机器用于水的加热。这笔花销比省下来的钱多得多。好个得

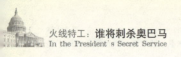

不偿失！"

卡特还曾经想缩减"空军一号"的人手。

在布莱尔国宾馆举行接待外国贵宾的宴会后，卡特发现饮食承办公司没有像往常一样将剩菜扔掉而是给了执勤的特工。

一位前特工说："这些特工每天轮班 12 ~ 14 小时，有时候连休息一下去吃饭的时间都没有。"

这位前特工说，卡特坚持让饮食承办公司计算出剩余食物的总价值，并以此向特工们收费。

军事办公室的负责人加利说，卡特对白宫的事物管得太细了，甚至连换地毯都不同意。

"他不允许我们更换公众入口处的地毯，"加利说，"我离开白宫时，那就像个花生仓库。成千的人要从那走过，这就需要一个很高程度的维持和保养。当然，这其实也包括卡特自己的参与。地毯还是又破又脏。"

卡特常自诩是位跑步健将，经常与特工们挑战。于是特勤局在他的贴身保镖里安排最好的赛跑健将。有一次在戴维营赛跑时，想超前的卡特最终瘫倒在了一位特工的怀里。

"他身体并不差，但是他运动前从不热身，"特工丹尼斯·乔米基说，"那天异常热，他起跑时飞快，后来就像用尽了全身力气。基本上就是这样输的。"

另一次，特工警告卡特在戴维营越野滑雪是非常危险的，因为地表积雪不足，并且有许多裸露处。卡特没听从这些意见。

"好，行，我看看再决定。"根据乔米基回忆，卡特当时是这么说的。

"他出去滑雪了，当然结果狠狠摔了一跤，把锁骨摔破了。"乔米基说。

在华盛顿，特勤局需要为卡特寻找隐蔽的道路供他跑步。一个美丽的秋日清晨，卡特在 C&O 运河沿岸的牵道跑步。他本计划从旗桥跑到莲桥，然后返回费尔切船屋。到时特工们会准备好车辆在那里接他。由于沟通错误，当卡特和他的贴身保镖到达船屋时，特工们都还不见踪影。

斯蒂芬·加门，卡特贴身保镖小组负责人和其他特工一直骑单车跟着他。这位后来成为特勤局副局长的负责人尝试用无线电与特勤局车辆联系，但是没能接通。

"总统说他渐渐觉得冷了，"加门回忆道，"我问他是否愿意跑回旗桥，有必要的话我们可以在那里叫出租车。然后我看到了电话亭，但是我没有零钱。"加门决定给 911 打紧急报警电话。在表明其特工身份后，他要求转接到白宫通讯局总机。

"911 的接线员为我转接了，我同车辆联系上并让他们来接我们。"加门说道。

除了看到总统和第一家庭的真实面貌，特工们还有机会看到白宫政治家的真实面貌。在卡特于戴维营会见以色列总理梅那赫姆·贝京和埃及总统萨达特期间，有一次前特工克里夫·巴拉诺斯基在午夜时分听到树林中传出奇怪的声响。

"然后卡特的幕僚长汉密尔顿·乔丹和一个漂亮的实习生从灌木丛中走了出来，"巴拉诺斯基说，"他们把车停在树林中，车被卡住了。那声响就是车轮转动的声音。"

作为一个事必躬亲的管理者，卡特没给他的副总统瓦尔特·蒙代尔什么工作。所以蒙代尔可以将大部分时间花在打网球和旅行上。

到了他的任期末尾，卡特变得神经兮兮，开始怀疑有人偷东西并窃听他在椭圆办公室的谈话。

"卡特和他的手下变得非常神经质"，总务管理局大楼主管西翼办公楼的经理说，"他们觉得总务管理局或特勤局在监听他们。"

一天下午，卡特的秘书苏珊·克拉夫坚持声称有人从椭圆形办公室偷走了一小瓶原油。那原本是一个阿拉伯首领给卡特的礼物。

"苏珊·克拉夫信誓旦旦地说有人把那瓶油洒出了一点点，"一名总务管理局主管说。尽管这个瓶子密封好了，"整个白宫因为这件事搞得闹哄哄的。特勤局给总统房间里的一切拍了照。随后他们又拍了一遍照片。没人动过那个瓶子。这就是他们的神经质妄想症。"

一天早晨在启程去佐治亚州钓鱼之前，卡特指责一名特工偷吃了空乘厨师准备的炸鸡。事实上，它是被白宫助理乔迪·鲍威尔和汉密尔顿·乔丹吃掉了。

在里根就职后，总务管理局人员发现卡特的手下把垃圾和废旧家具扔在了艾森豪威尔行政办公楼。

一位楼层经理说："他们把所有的书桌都推倒了。我们得把他们扶起来。

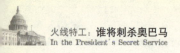

每一块地方都有 15 或 20 张书桌。根本就像龙卷风侵袭过一样。"

在卡特离任后，他会偶尔住在总务管理局为往届总统在 1716 杰克逊广场预留的别墅里。别墅的墙上悬挂着往届总统的照片。

在检查时，总务管理局主管发现卡特入住后，会将共和党总统福特和尼克松的照片取下来，挂上 6 张 16 英寸乘 24 英寸大小的自己的照片。每一次查尔斯·B.莱斯帕斯，这位负责白宫的总务管理局主管都会因为要把原来的照片找到并重新挂上去而恼怒。

不过卡特通过他的律师阿达姆松否认了此种说法。他也否认了他认为有人在监听他在椭圆形办公室的对话。

但是向莱斯帕斯报告的总务管理局主管鲁西尔·普莱斯说："卡特会换照片…… 他不喜欢他们（福特和尼克松）俯视他。我们也会发现他把自己的照片挂上。之后，卡特会把自己的照片再拿走。"

即便卡特行为古怪又弄虚作假，他非常虔诚，不诅咒骂人，并且和他那能为他献策的夫人罗莎琳很相爱。

据卡特的贴身保镖理查德·里帕斯基说："罗莎琳真是一个才华横溢的成功推手。"

第II章

驿站马车
神秘的总统车队

为确保万无一失，特勤局需要提前对所有关乎总统安危的情报进行分析。1996 年，乔治·H.W. 布什总统计划乘飞机前往黎巴嫩首都贝鲁特。按照行程安排，他需要先到塞浦路斯，再从那里搭乘直升机到黎巴嫩。

"CIA 通知我们有人计划谋杀老布什总统，"负责布什 41（Bush 41，老布什总统此行的代号）的特工卢·莫拉莱斯说，"线人知道直升机的飞行线路和起飞时间，他是黎巴嫩真主党此次刺杀行动的同谋，真主党成员会发射导弹将直升机打下来。"

特工把消息告知了老布什，但是他不顾危险，执意要前往贝鲁特。特工小组放弃了乘直升机的计划，改走陆路，以时速 90 公里开车将老布什从大马士革送往贝鲁特。如同大多数未成功的刺杀行动一样，这件事从未被公众知晓。

一旦特工结束了先遣工作，他们将根据实际情况提出相应数量的增援来确保总统的安全。通常一个保护小组包括 1 名值班组长和 4 名特工，他们是保护对象的贴身保镖。其他的安保人员还包括 3 到 4 名交通特工、1 名反监视特工和由 5 到 6 名特工组成的反突袭小组。

除了来自当地办事处的特工，执行保卫总统任务的其他特工来自 139 个特勤局国内办事处，包括 42 个驻纽约、洛杉矶和芝加哥等城市的地方办事处，58 个常驻机构，16 个常驻代理处，还有 23 个一人常驻点。除了国内办事处之外，特勤局还设有 20 个海外办事处。

在老布什总统出访前，特工用空军飞机将总统座驾——代号为"驿站马车"（Stagecoach）的豪华轿车和特工使用的车辆运达指定地点。反狙击手、反突袭小组和拆弹专家会乘同一班飞机抵达。这些特工的任务是在需要时和总统在"空军一号"的贴身保镖换班。加拿大不允许特工携带武器，但他们会将武器偷偷地藏在总统的座驾里。

与肯尼迪总统当年使用的敞篷车不同，现在的总统座驾都是全封闭的。比如那辆被人们热情地称为"猛兽"的凯迪拉克，自 2009 年巴拉克·奥巴马总统发表就职演讲时就为其服务。"猛兽"真是车如其名——以通用汽车公司制造的载重汽车底盘为基础，包括车窗玻璃在内的全部车身都是装甲防弹的，车门有 18 英寸厚，玻璃有 5 英寸厚。车内有独立供氧系统，并设有最新技术研发的交流加密工具，装有远程控制系统和自动封闭储油罐。就算车胎被打爆，"猛兽"仍可继续前行，它还可以承受火箭炮或手榴弹的直接攻击。最新的凯迪拉克与 2005 年 1 月小布什总统发表就职演讲时使用的相比，车窗更大，能见度也更高。

通常车队的第一辆车是诱饵，第二辆是后援，总统则很可能坐在第三辆车或车队中的任意一辆车上。汽车的数量视出行的目的而定。对于非公开的外出就餐计划，一般会派出由 7 ~ 8 辆车组成的非正式车队。如果是一次公开出行，正式车队的车辆数量最多可达 40 辆，其中包括随行的白宫工作人员和新闻界人士乘坐的车辆。特工们将他们的座驾称为 G-rides。

一次包含白宫医疗小组和其他政界随行人士的国内行程，大概会组成一个有 200 到 300 人的队伍，而国外行程队伍可能有包含国家军警在内的600 人。仅 2008 年一年，特勤局就执行了 135 次海外保护任务。在这些任务执行过程中，特勤局对国外当地警方的依赖多于对美国本土的地方警察。但 1958 年 5 月 13 日，当时任副总统的尼克松和夫人帕特在委内瑞拉首都加拉加斯机场遭遇暴民突袭时，当地警方却消失了。

"当地警方应该在机场布防，"当时执行任务的特工查克·泰勒说，"但我们却发现警察离开了车队，他们害怕暴民，所以就放弃了原本安排好的安保计划。"

当石头和瓶子向副总统夫妇投掷而来时，特工们在他们周围形成了一个坚实的保护圈并迅速将他们护送回到总统的防弹轿车上。在车队开往美国大使馆沿途，委内瑞拉的疯狂民众手舞着木棒和铁棍汹涌而来。

"他们有燃烧弹，他们决心杀死在场的所有人，"泰勒说，"他们甚至还把小孩子放在车前，这样我们就会碾过这些孩子。当时的情况很危急，为

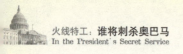
了保护副总统夫妇的安全，我们最终艰难地决定开过去。"

人们尝试撬开车门，向车辆投掷石块并且试图燃烧汽车。但是特工们一次又一次将暴民击退，他们看起来不敢靠车太近。特工们试图将尼克松安全带到美国大使馆，然而在那里有更多愤怒的暴乱者。

"他们想烧掉大使馆，我们先在使馆四周布满了沙袋，并且设置了可以和华盛顿通话的简易电台。我意识到他们切断了横跨大西洋的电缆，这样我们就无法与华盛顿进行顺畅的沟通。最后我们不得不通过无线电向总统汇报情况，他派出了第六舰队来接我们。"

如今总统的国内出行车队中，都会有一辆专车，乘坐着配备有冲锋枪的反暴力小组成员。另一辆必不可少的车就是情报车，任务是追踪所有试图威胁总统安全的危险人物，并收集当地情报以评定其危险等级。如有必要，情报车上的特工还会与危险分子直接对话。通常，一架公园警察或当地执法部队派出的直升机会在车队上空盘旋。

为了保证车队的安全，当地警察会骑着摩托车阻断所有街道的交通，特工们会检查沿线的办公楼。在福特总统出访得克萨斯州的康罗之前，特工戴夫·斯利巴得到消息，称车队沿途经过的一座大楼的大门无法打开。经过进一步调查，发现大楼由当地一位律师的后人继承所有。

时光回溯到1915年，这位律师的儿子在骑马去看父亲的途中，从马上跌落撞在一口井上一命呜呼。这位律师为此悲痛欲绝，再也不进办公楼工作并留话给后人永远不准打开办公楼大门。但是，在斯利巴的要求下，这位律师的孙女同意打开大楼。斯利巴看到律师当年的办公桌上落了厚厚的灰尘，桌上的一个棕纸袋里似乎装着他的午饭，但是已经腐化了。

特工们相信，他们只是站在那儿，透过太阳镜，凝重地扫视人群中的可疑人物，就可以威慑危险分子。特工们会寻找危险的迹象：和周围环境不相融合的人；将手插在口袋里的人；大汗淋漓或者看起来紧张异常的人；或者像是患有精神疾病的人。特工们会锁定可能会造成危险的人物、物件或痕迹。

曾任特勤局詹姆斯约瑟夫罗利培训中心高级指导的前特工威廉·阿尔伯切特说："我们会寻找在大热天穿厚外套的人、在大冷天不穿外套的人、总是把手伸进口袋的人、背包的人、过分激动或过分平静的人、与众人不同的人或者经常东张西望的人。你要注视他们的眼睛和手，因为他们手里的东西往往就是关键。"

如果一名特工看到在隔离线后站着一个手插在口袋里的人，他会说："先生，请把你的手从口袋里拿出来，请现在就拿出来。"

"如果他不照办，你可以走过去把他的手从口袋里拉出来，"阿尔伯切特说，"那么安排在人群中的其他特工会及时过来抓住这个家伙。他们会把他带离现场，看看他有什么问题。在十分紧急的情况下，我们是可以这么做的，因为这真的很紧急。你没有时间说，'嘿，你可以把手拿出来吗？'我是说如果这个家伙有武器，你得立马应对眼前的安保危机。"

一旦发现持有武器的危险分子，特工会向同伴们呼喊："有枪！有枪！"

为了把特工与现场协助的警察区分开，特工们会在左领上佩戴智能卡。智能卡上有特勤局的五角星图样，共有 4 色。每周，特工要换上特定的颜色，这样他们可以在人群中轻松地找到自己的同伴。智能卡的背后有 4 位编码，如果智能卡被偷了，用这个编码可以进入 FBI 的国家犯罪信息中心，这样警察可以利用这个庞大的电子资料库找到智能卡所在的位置，并根据实际情况，采取逮捕行动。如果智能卡被找到了，警察会把它交还给特勤局。

执行保护任务时，特工会佩戴特制的无线电耳机并将耳机调至特勤局使用的加密频道。特制耳机里装有无线电发送和接收装置，特工们可以把它放在口袋里，以作即时监听。

至于太阳镜，前特工皮特·道林说："培训时，我们会领到一副高清晰的雷朋眼镜。这样做是为了保护眼睛，因为当有人向保护对象投掷物品时，多数特工会用身体保护他们，有了太阳镜的保护，特工眼部受伤的几率就大大降低了。通常情况下特工都会佩戴太阳镜，就算在室内也一样。"

执行任务时，大部分特工都会习惯性地佩戴太阳眼镜，这样人们不知道他们在往哪里看。而有一些特工则选择不戴眼镜。有些特工着便服不戴耳机，潜入人群中，在白宫周围巡逻。一旦发现问题或者可能的安全漏洞，他们会立刻打电话给特勤局总部的联合观察中心。

"我们隐藏在人群中，"一名特工说，"你并不知道我们在哪儿，我们会在某项活动进行时或执行先遣行动时四处巡视。"

这些特工会用行刺者的思维方式思考：怎么才能突破安全防线？

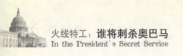

"我们的职责就是在大日子到来之前形成周密的安排计划，"这位特工说，"找到安全漏洞和安保弱点，并及时想出解决方法。"

技术人员会为总统出席的每一场活动拍摄照片，将所有不同的照片进行对比分析，有时会用面部识别软件来检查是否有某个特定人物经常出现。

从针对福特总统的暗杀事件起，总统开始在公开场合穿着防弹背心。现在常用的凯芙拉三型防弹背心可以阻挡大多数手枪和步枪的射击，但是对于更强劲的武器就无能为力了。总统和副总统的贴身保镖如今也需要穿着这种防弹背心，但是一些特工还是选择不穿。因为改进版的背心很厚，在炎热的天气会让人热得受不了。

"你要随时做好准备应对突发问题，"里根总统遇刺时的特工组组长，前特工杰瑞·帕尔这样说，"在我的特工生涯中，里根总统遇刺案发生之前，就有1位总统被杀死，1位被射中受伤，1位州长遇刺并瘫痪。福特面临过2次暗杀，马丁·路德·金也被杀了。你知道危险一直都在，只不过你不知道它在哪儿。"

第12章

生牛皮
平易近人的里根逃过多次暗杀

和吉米·卡特不同，罗纳德·里根对所有特工、"空军一号"的机组人员、白宫的管家和仆人都礼遇有加。

"在我为卡特服务的两年里，他只进过一次飞机驾驶舱，""空军一号"驾驶员詹姆斯·A.巴兹利说，"但是里根每次上下飞机都会把头伸到驾驶舱里来一句，'辛苦啦，各位'或者'祝你们今天愉快'，他在私下里和公开场合的表现很一致，是个表里如一的人。"

"一次圣诞节我们在大牧场，他走过来和我说对我在节假日也无法同家人团聚表示歉意，"前特工克里夫·巴拉诺斯基说，"他经常会从宴会带食物给我们。我起初不要，但他坚持要我收下。"

前特工托马斯·布勒夏记得里根第一次竞选总统时，他从贝莱尔的家中乘车至自己位于圣巴巴拉北部的700英亩的德尔谢洛牧场。一位特工发现里根随身携带了一把手枪，就问他有什么用。

"嗯，你们忙不过来的时候，我可以帮忙。"代号为"生牛皮"（Rawhide）的里根回答道。里根向一名特工透露，1988年5月他第一次以总统身份出访苏联时，行李箱里就有一把手枪。

有一段时间，东行政街被封锁了。里根的车队离开白宫时，不是走白宫门前的宾夕法尼亚大道，而是沿着E大街开到十五大街上。这样一来，里根只有透过白宫的窗户向外看，才能发现站在宾夕法尼亚大道对面的拉法耶特公园进行反核武器示威游行的民众。东行政街重新开放后，有一次特工帕特里克·苏利文开车护送里根总统外出。当时里根总统正透过车窗向外看。他看到一个拉法耶特公园的示威者在车辆通过时向他行了一个"嘿！希特勒！"式的军礼。

"那位先生一直在那，还拿着海报，"苏利文回忆说，"他是一个非暴力示威者。我们把车子开离了东行政街，左转上了宾夕法尼亚大道。示威者很吃惊，因为他在那里待了一年，还从未见过总统车队走那条路。"

这个示威者跳了起来。

"他开始向总统行纳粹军礼，"苏利文说，"他开始大喊，'嘿！里根！嘿！里根！'总统看到了他的所作所为，感到震惊。我能看出他当时很伤心，他对我们说，'你们看到那个对我行纳粹军礼的人了吗？哎，他为什么要这样做呢？'"

这一问听起来随意，但里根确实想要得到答案。

"总统阁下，他不太正常，"苏利文对里根说，"这就是他的伎俩。他在那儿安营扎寨，每天都在那儿。"

"噢，这样。"里根若有所思地答道。

"里根总统就是这样的性格，"苏利文告诉我，"当里根得知这个人不正常，他就没什么忧虑了。他希望正常的美国公民都能赞同自己为人处世的方式。里根是个真诚又平易近人的绅士。那个家伙对他行了纳粹军礼，这深深地伤害了他。"

每当有人写信向他倾诉自己的不幸遭遇时，里根经常会悄悄寄给对方一张私人支票。

"里根常常为了运送急需进行换肾手术的儿童而动用空军喷气机，大家都看在眼里，"里根的总统咨文撰稿人弗兰克·J.凯利说，"他可是做善事不留名的楷模。我曾亲手转交过他为写信给他倾诉的人开出的 4 000 甚至 5 000 美元的支票，他会说，'别声张，其实我自己很穷。'"

尽管里根愿意去发掘人性中善的一面，但他并不幼稚。有一次，他在乔治城大学做演讲。当车队通过 M 大街驶向白宫时，他发现了人群中的一个人。

"各位，看，"里根对特工说，"你们能相信吗？人群中有个人在向我竖中指！"

里根开始微笑着向众人挥手。

"我们通过时，他还在挥手微笑，然后他开始冲那人喊，'哎！你！王八蛋！'"特工丹尼斯·乔米基还记得当时的场景。

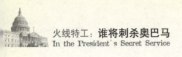

一个周五下午，里根离开白宫去戴维营。苏利文在位于总统办公室楼下的 W-16 特勤局办公室工作。

"一个人拿着一只活鸡从西南门进来，要求见总统，"苏利文说，"他说他要为里根总统贡献点东西，然后他把鸡从白宫的栅栏尖上插了下去。"

特警队逮捕了他，并把他送进圣伊丽莎白医院，看他是否患有精神病。

里根在 1986 年前往华盛顿州斯波坎时，皮特·道林是先遣排查小组的一员。除了排除所有的已知危险，他还与斯波坎地方警局、FBI 以及其他可能获得危险情报的机构成员见了面。

一天晚上，斯波坎地方警局电话通知道林说，一对老夫妇在斯波坎市中心的某架电梯里发现了一张大餐巾纸。他们发现餐巾纸上有字，便仔细观察。原来餐巾纸上画有里根在 4 天后即将发表演讲所在地斯波坎体育馆的地形图。

"我到了警察局，拿到了那张餐巾纸，很确定那就是一张地形图，"道林回忆道，"而且上面还有图例，在体育馆周围画有'X'，标明那是警卫站岗的地方。而且上面还有所有我们使用车辆的车牌号。很明显，有人监视了我们。"

当时，一个叫做"雅利安国"的新纳粹主义组织在爱达荷州科达伦设立了总部，那里距斯波坎只有 45 分钟车程。除此之外，这个组织反对税收政策并扬言要暗杀政府官员。道林认为这张图纸很可能来自这个组织，他开车到了最佳西方酒店要求查看签到登记卡片。

"对方给了我一个装满了卡片的小木盒，"道林说，"这家酒店有 400 多个房间，我开始迅速翻阅这些卡片。当看到第六十张时，啊哈！那张卡片上的字迹和餐巾纸上的完全一致。"

道林记下那张卡片上的车牌号码。他走进停车场看到了一辆挂着这个号码的四门轿车。他朝里看，发现后座整齐地放着叠好的毯子，毯子上放着两个枕头，车内还叠放着几本书。很明显，车有人用。道林觉得车主这么整洁十分奇怪。他打电话报警并叫来两辆警车支援。

"我们上楼到了那个房间，我敲了门，那个人问，'谁呀？'"道林说。

"是我，开门吧。"道林回答。

"这个蠢货开了门，只穿了内裤。我伸手抓住了他的头发，把他按倒在走廊上，"道林说，"另一个警官抓住他，我们进入了他的房间进行搜索，确保屋里没有人手持武器。"

道林注意到梳妆台上的一颗子弹，子弹连着一根线，线的另一端连着一张白色的小纸片。

纸片上写着：里根必死。

嫌犯允许道林搜查他的房间，但是不能动他的车。

"虽然我已经习惯了熬夜，但是填一张搜查令申请表并且在凌晨 3 点送到法官家审批，对我来说也不好过，"道林对那个人说，"不过，为了总统的安全我豁出去了。"

"你搜车吧，"那个人说，"枪在车里。"

原来这个人曾因抢劫银行蹲过大牢，最近刚刚出狱，他在监狱里和一个男狱友产生了感情。他听说这个狱友被转押到另一个监狱后和其他人在一起了。

"他想要在斯波坎做一些惊天动地的事，这样就可以重返监狱和他的爱人相聚。"道林说。

当里根忙于 1984 年的连任选举时，一个纽约州骑警看到了一辆在纽约州高速公路以时速 25 英里缓慢前进的老别克轿车，而那个路段的最低限速是每小时 65 英里。这位骑警拦下车，发现车厢内藏有大量枪支弹药。

"这是怎么回事儿？"这位警官严肃地问道。

"我要去杀死里根的竞争对手！"这个人回答。

警官逮捕了他，后来他被纽约北部的一家精神病院收治观察，因为这个人扬言要杀死总统候选人。在特勤局情报处的安排下，两名特工对他进行了询问。刚开始，病人的心理医生并不同意这次会面。但是当特工们同意不带手枪、手铐、无线电设备和公文包后，他让步了。

"这个人说很高兴见到我们，"一名特工回忆道，"他说他喜欢特勤局而且愿意把一切都告诉我们。"

但是刚开始，这个人要求特工们和他一起祷告。

"我们在审讯桌前交叠着手，低着头和他一起祷告，"这个特工说，"这时心理医生走进来，很奇怪，他并没有要求我们照囚犯说的做。

当民主党候选人加利·哈特和唐娜·赖斯的性丑闻曝光时，里根正返

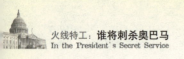

回白宫去参加一个晚间活动。

"我们正乘电梯到白宫二楼，"前特工泰德·赫赖什科说，"电梯门正要关上，一个工作人员跑过来挡住了他。他告诉里根加利·哈特和唐娜·赖斯的丑事。"

里根点了点头，看着特工，说："他真是孩子啊，本性难移。"

当电梯门关上时，他又对赫赖什科说："孩子可是当不了总统的。"

第13章

彩 虹
里根夫人有点冷

白宫副管家纳尔逊·皮尔斯很怕给南茜·里根送信。如果南茜富有的加州朋友在她之前拿到了最新一期的 *Vogue* 和 *Mademoiselle*，她就会怪罪白宫的员工。

皮尔斯说："要是她订的杂志晚到了，或者她在加州的朋友已经收到了杂志而她还没有，她会非常生气地责问我原因。"

接下来白宫管家们要跑遍华盛顿大街小巷的报亭，却总是发现最新一期杂志还没上架。

一个阳光明媚的下午，皮尔斯到白宫二楼总统一家的西起居室给南茜送邮件。南茜的宠物——雷克斯——一只查尔斯王小猎犬，在她脚边躺着。

雷克斯是里根送给妻子的圣诞礼物，皮尔斯和它是老朋友，至少他是这么认为的。白天，雷克斯通常会到大楼入口处的办公室打个盹。但是不知为什么，这次它见到皮尔斯并不开心。皮尔斯离开时，雷克斯咬着他的脚腕不肯松口。皮尔斯用手指着雷克斯，示意它放开。

南茜对皮尔斯说："谁也不准指着我的狗！"

里根自从登上政治舞台开始，就被南茜操纵着。

"你问我有没有给雷尼（里根）提过建议？当然有，"南茜·里根在她的书《该我说了：南茜·里根 回忆录》中写道，"我是最了解他的人。白宫里只有我完全没有自己的日程，我的全部生活就是协助他。"

"里根夫人是个一丝不苟又要求颇多的女性"，里根的行政助理约翰·F. W. 罗杰斯回忆道，"她唯一的兴趣就是她丈夫的日程安排。"

事实上，南茜的大多数建议是合理可靠的。正如她所说，"我如此爱雷尼，但我必须承认他至少有一个缺点：他的想法太天真了，只会把人往好了想。

这种品质对朋友很好，在政治上却只会给他惹麻烦。"

代号为"彩虹"（Rainbow）的南茜是"一个冷酷的人"。一个当年负责保卫白宫的特工说："她在洛杉矶只有 4 个朋友，除此之外再没有别的朋友。对待孩子也一样，她和孩子们说得很清楚，想见父亲必须向她请示。这是一条雷打不动的规定。并不是他们不能见到父亲，她会回答，'对于你们的要求是否合理以及何时能够见到他，我会给你们答复。'她在这一点上表现很出色。"

和南茜一样，里根的女儿帕蒂·戴维斯也很难取悦。在纽约，有特工陪同时，她试图趁堵车时跳车来甩掉随行特工——她觉得贴身保镖很让人厌烦。

"有一次，她当时的男友——电影明星彼得·施特劳斯陪她一起去纽约"，阿尔布兰切特说，"戴维斯女士开始和往常在纽约一样捉弄人，总之很不尊重我们。施特劳斯也被她的举动激怒了，对她说，'你最好对这些特工尊重些，不然我就回洛杉矶。'"

"你猜怎样？"阿尔布兰切特说，"她真的对我们好点儿了。"

另一位特工说南茜·里根控制欲太强了，连丈夫和特工打成一片她都反对。"里根非常平易近人，和他交谈很容易，"这位特工说，"他特别善于与人沟通，总是很友好，他接受人们本来的面目。他的夫人正好相反。如果她看到和特工交谈的总统笑呵呵的，看起来和他们一副'哥俩好'的样子，就会把总统叫走。她要'控制事态发展'。"

"农场上有一只狗，特工们会和狗一起玩儿，然后狗就会叫，"根据当时在场特工，阿尔布兰切特的回忆，"有一晚这狗在叫，南茜气疯了，她对总统说，'你出去让特工离那只狗远点儿！'"

看来这只狗打扰了她的休息。狗一叫，南茜总会这样说，然后里根会说他会处理好这事，然后再离开卧室。

"他会去厨房站一会儿，"阿尔布兰切特说，"倒杯水后回到卧室说，'好了，我处理好了。'他就是不想麻烦特工，他是一个真正的绅士。"

里根卸任那天乘坐"空军一号"飞到洛杉矶。机场附近搭起了露天看台，南加州大学的乐队和欢呼的人群在那里欢迎他。

"他站在那儿时，一个男孩儿取下他的特洛伊头盔，"一个特工说，"一

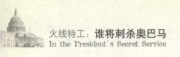

边喊着'总统先生!'一边把头盔扔给了里根。他一把接住头盔并戴在了头上。在场的人都高兴疯了!"

但是南茜·里根却凑过去对他说:"马上摘下来,你看起来像个傻瓜。"

这位特工说:"然后,他情绪马上变了,把头盔摘了下来。这种事经常发生。"

和任何一对夫妻一样,虽然里根和南茜非常恩爱,但偶尔他们也会吵架。

"他们很爱对方也经常相互亲吻。""空军一号"的乘务员帕尔默这样描述里根夫妇。但是他们也会为小事生对方的气。另外,帕尔默说南茜并不能完全控制总统。

"我们要去阿拉斯加。南茜把所有能穿的衣服都穿上了,"帕尔默说,"然后她转身问,'你的手套呢?'里根回答,'我不想戴手套。'她说,'不,你必须戴。'而他说他就不戴。"

帕尔默说里根最终还是拿上了手套,但他说他不能戴着手套和人握手,所以他不会戴,然后他就真的没戴。

"南茜对里根的饮食要求很严格。"帕尔默说,"她不在的时候,他的食谱完全不一样。里根最喜欢的食物之一是干奶酪烤通心粉,但那对南茜来说是绝对禁止的。如果菜单上有这道菜,她会说,'你不能吃。'"

除了白宫禁酒时的卡特之外,里根是饮酒最少的总统。

"除了红酒外,我只给里根上过大约4次酒精饮品。"帕尔默说。

在农场的时候,里根每天午饭后都要骑马。虽然电影中他总是扮演西部牛仔,但骑马时他都采用穿着马裤和靴子的英式骑法。他的坐骑通常是艾尔·阿拉米恩,这是前墨西哥总统何塞·洛佩斯·波蒂略送给他的一匹灰色盎格鲁阿拉伯马。里根在骑马时会有一些固定的习惯。

"他会来到房子外面的马厩,给马匹装好鞍具,做好准备,然后再敲击一个三角铁,这是他给南茜的信号。一切就绪,他们可以开始骑马了。"

一天下午,里根发出信号后,南茜并未出门。于是里根返回房间内接她。这时,一位白宫通讯部的技术人员告诉科米斯基,他发现农场的电话系统出现了问题:一根电话线脱落了,这位技术人员需要去检查。科米斯基同意让这名技术人员进屋。很快,他拿着一部摔碎了的电话走了出来。

"南茜在打电话,"乔米基说,"这就是她没去马厩的原因。南茜从未真心喜欢农场。她去那都是因为总统喜欢那里。除了出去骑马，剩下的时间她几乎都待在屋里，而她待在屋里主要就是和洛杉矶的朋友讲电话。对于总统来说，一天中最开心的事就是和南茜一起骑马。当她因为打电话而不肯出门时，里根就把电话扔到地上了。"

除了农场，里根的骑马地点还有华盛顿西部的提科海军基地、戴维营和华盛顿岩溪公园。里根的随行特工都受过美国公园警察的骑马训练。其中，特工芭芭拉·里格斯是一名优秀的骑术专家，不需要接受任何训练。芭芭拉于 1975 年就职，她是特勤队历史上第十位女特工。第一位女特工 1971 年入职，当时一起就职的女性只有 4 位。

里格斯和里根的关系十分密切。她曾因为坠马而经受了脑震荡，后来返回白宫工作，里根把她叫到白宫的起居室，送给她一本《马术和马匹训练原则》，朝她眨眨眼，建议她读读那本书。

"在成为国家司法机关的特工路上，作为一名女性，我遭遇过性骚扰以及各种各样的阻碍和歧视，"里格斯说，"有些人相信，不论是从心理条件，还是身体素质上来说，女性都不具备成为一名特工的能力。不过我也认识了许多很棒的人。他们不仅成为我的导师，还给我提供了很好的机会。"

2004 年，里格斯成为特勤局的第一位女局长。现在，特勤局有了 380 名女特工。

"你总能在这群人中发现某些老古董，"第八位女特工帕特丽夏·贝克福特说，"所以你需要不断向他们证明自己。总有一天，他们会意识到我们的枪法和他们一样好。"

第**14**章

霍根巷
特工训练场实录

必要时为总统挡子弹是特工的职责。但是受训特工接受的指导会更复杂。

"值班特工接受的培训就是在袭击发生时负责保护和撤退，"一位特工说，"我们会在被保护人周围形成一个人体保护壳，然后把他带到安全地带。撤退过程中特工受伤是在所难免的。安全保护层负责处理袭击者，内层特工的主要任务则是护送当事人迅速离开现场。

"总有人会问我，'嗨，你真的会为总统挡子弹吗？'"前特工道林说，"我说，'你以为呢，我傻了吗？'但是我们会尽最大努力让子弹远离现场。一丝不苟的训练和事前准备才能保证关键时刻的应对水准。只有这样，工作时你才会有条不紊而不是手忙脚乱。"

主要训练场地是位于马里兰州劳雷尔的詹姆斯·J.罗利训练中心。它坐落在一个野生动物保护区和土壤保持区之间，丛林掩盖了特工们训练时发出的炮火声、车轮声和爆炸声。和方圆440英亩内的其他建筑一样，这个中心以肯尼迪刺杀案发生时，时任特勤局局长罗利的名字命名。悲剧发生后，他是案件有所突破的领军人物。

石头砌成的主教学楼有一个绿色屋顶，看起来像是从社区大学里拎出来扔在那儿的建筑。这座大楼以前特勤局局长刘易斯·C.马尔拉蒂的名字命名，他于克里夫兰·布朗执政期间在任。

市区总部墙上照片记录的都是艳阳高照，受保护者毫发未损的辉煌时刻。而马尔拉蒂大楼则讲述了这项工作的阴暗面和失败辛酸的往事：涉及肯尼迪遇刺事件的一些照片，还有一张1901年麦金利总统送葬队列的俯拍照。那一年，国会正式要求特工承担起保护总统的工作——虽然有点儿晚。

自 20 世纪 50 年代正式培训特工开始，所有毕业班级的集体合影挂满了一整面墙：从 20 世纪 50 年代头戴的软呢帽，到 20 世纪 60 年代的个个学生头；从 20 世纪 70 年代的爆炸头，到如今"正常的"特工打扮。

新特工要在这里接受为期 16 周的特训，然后再到佐治亚格林科的联邦执法培训中心接受为期 12 周半的培训。应征特工的条件首先必须是美国公民；另外，年龄必须在 21 ～ 37 岁之间。

特工需要获得经认可学校的大学本科学历，或者在犯罪调查或需要犯罪活动相关知识的执法领域有 3 年以上工作经验。特工每只眼睛的非矫正视力都不得低于 20/60，矫正视力不低于 20/20。除了背景调查之外，在接受高度机密的忠诚测试并得到这份工作之前，种子特工还必须接受药检和测谎程序。

每年，在这 24 班特勤局和白宫警卫队的后备成员中，只有 7 ～ 11 个班能毕业。虽然培训中心位于劳雷尔，特工们却以贝兹维尔——毗邻劳雷尔的一个小镇直接称呼它。培训中心大多数道路的名称都和特工工作有关：枪械路、射程路、行动路和边界路。虽然没有"埋伏路"，但是执行任务时总是会遇到埋伏。

霍根巷（并非 FBI 在弗吉尼亚州匡提科市的霍根巷）的路中央躺着一具尸体，4 名身着战斗服的特警队员正在清空街道，拿下坏蛋，而特警队的其他成员则坐在一个小看台上，向街道观看。除了一幢真实的二层楼房和饮料贩卖机，这个只有一个街区长的小镇就像好莱坞的一处拍摄场地：有外观是五金用品店、酒店、餐馆、酒吧、银行的房屋，银行门前还停着真车。突然，尸体醒了过来，站起来走开，这意味着这个场景已经结束。

扮演人质、坏蛋和尸体的是指导员，组织培训的则是退休军官、乔治王子郡的特别行动小组和其他各种厉害的特种兵专家。他们大谈前景，比如特工会在暗杀行动中遇到些什么；当然也会谈到细节，比如如何完全躲在一个垃圾桶背后；最重要的是，在听到枪响时，特工要马上掩护保护对象离开现场，而不是自己逃跑。不过，培训中心的"特定范围以外禁止携带实弹"的警告却在提醒大家，这是模拟袭击区。

培训副官波比·麦克唐纳德向我解释到："我们观察他们如何面对困难，如何发现问题，如何向同伴发出预警并对情况进行反应。他们有没有进行

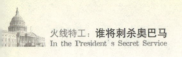

隐蔽，他们在适当的时间以正确的方式举起了武器吗？该开枪时他们开枪了吗？枪法是好是坏？"

一辆黑色货车缓缓开过战术村的另一个区域，车上的人是参加岗内培训的反突袭小组成员。身着黑色制服的他们正手持步枪待命，他们透过墨镜向车窗外扫视观察。

沿着这条路，一颗烟幕弹在一个车队附近爆炸了，反突袭小组成员立刻跳下车去处理所有他们面临的事故：车队埋伏，自杀式爆炸袭击，一名枪手，而这场爆炸很有可能只是个调虎离山之计。忽然，组长看到一名狙击手藏在灌木丛背后……狙击手被"制服"后，指导员说"危险解除"，然后，小组成员迅速返回车上。车队整编出发，继续在校园内行进，驶向更多的演习场景。

在战术村的另一侧，有一扇带有电话亭的白宫大门，时不时会有被困的鸟儿在电话亭窗边扑腾到筋疲力尽。特警队的白宫电话亭，还有其他仿白宫的尖顶建筑都分布在特勤局校园内。

这些警卫室中还有一个场景可以用于应对"翻墙入室者"的模拟演练。战术村的这个部分完全再现了白宫方圆2公里的华盛顿街景，连街道名称和门牌号码都一样。比起布景设置的表面用途，这些建筑承担着更重要的职能，比如，那座8层建筑其实是一座供反狙击手练习射击的"反击塔"。

在这里，为了获得亲身体验，受训者必须轮番扮演被保护者。受训者会在审讯室里审问"嫌疑人"，这位嫌疑人的扮演者通常是一位"签约扮演者"——一个演员或者退休警官。特工们要学会施加压力撬开攻击者（也可能是疯狂崇拜者）的嘴。而在外面，等待着他们的是"即时行动训练"——车队会遭到伏击，有人会从窗口射击，随时遇到爆炸等等。

许多实战演习都是从"机场"开始的。那里的飞机——一架总统印章和飞机舷梯还在的"空军一号"的半截实体总是停在停机坪上，它旁边的半截"海军一号"总统专用直升机也一样不能飞。

在防御军事行动课上，常规学员将接受为时24小时的驾驶技巧培训。被分配执行驾驶行动任务的人，还须再接受40个小时的培训。

巨大的停车场就像电视广告或真人秀里常见的越障训练场一样。在这里，他们驾驶的是大马力高能量的道奇车，这样才能逃出死亡地带。特工们必须学会转 J 型弯，在高速进行中 180 度的调头，或者猛然左拐或右转后继续前进。

受训者不仅要学会适应蜿蜒曲折的道路，还要学会躲避路中横亘的物体，冲破路障和其他车辆。一旦被保护人的车坏了，他们要学会用自己的车拖着它冲出重围。为了更好地控制车辆，受训特工必须学会利用侧视镜而不是后窗倒车。

除了体能训练，特工还要接受 8 ～ 12 小时的游泳训练，包括从落水的直升机中逃生。为了模拟直升机落水后特工被困在座位上的情形，培训中心会让直升机一头扎进水中。

事实上，1973 年 5 月，特工 J. 克利福特·迪特里希在护送尼克松总统时，就是这样牺牲的。那架军用直升机在距离巴哈马群岛大沙洲 200 码的大西洋坠海，搭乘此机的迪特里希溺水而亡。这架直升机翻转着入水，迪特里希无法从中逃生；而飞行员和同行的其他 6 名特工最终获救。

在许多室内室外的靶场上，受训人员和特工会定期接受手枪、霰弹猎枪和自动武器的射击测试。助理教官会在防弹玻璃后面发号施令："马上轮流重装剩余子弹！一发从弹夹，一发从口袋！每名射手在 4 秒以内进行一组步枪射击……"

从 6 个射击点发出一阵枪响，被打成筛子似的靶子在空中旋转着。

"其实，我们希望在这里教的一切，并不会被真正用上。"波比·麦克唐纳德说。

说到开枪，一位特工说："这并不正确，但是扣动扳机之前你并不会想到这一点，通常你想的只不过是把挡在面前的人清除掉。如果你开枪了，那也没什么。但是真正的目标是双方都能毫发无损地走出大门。"

第 **15** 章

"我忘了躲开"
里根在鬼门关逛了一圈

有一天，里根总统从农场回来，在路上他和随行的特工聊起，一个被特工围绕着的总统有多么难受。

里根说："我想像普通人一样能够走进商店，看看杂志架，像以前一样随便浏览一番，这儿走走，那儿走走。"

他的特工提议，他先自然地走进一家商店，到里面去排除危险物，然后里根走进商店，他再封锁商店的出入口。

"情人节快到了，里根说要去华盛顿的一家贺卡店给南茜买卡片，"前特工丹尼斯·乔米基说，"于是我们组了一个小车队，总统下了车走进商店。他在店里随意转了转，很享受的样子。"

这时，一位先生也在看卡片。

乔米基说："里根看了一眼旁边的人，拿起一张卡片给他看了看，问道，'嘿，你说南茜会喜欢吗？'"

这位顾客说，"嗯，当然，你夫人会喜欢的。"

然后他抬头了。

"老天！总统！"他尖叫了一声。

在这之后不久，里根深刻地明白了为什么总统需要保护。1981 年 3 月 30，里根总统结束了在华盛顿希尔顿酒店的一次演讲，正准备离开时，25 岁的小约翰·W. 辛克利用一把罗姆 RG-14 .22 口径左轮手枪向里根开了枪。

里根离开酒店前，平民代表可以在那里同他见面。当时的磁性检测器只在白宫这类总统固定出现的地点使用，总统外出时是没有条件进行磁性检测的。结果，进场的人都没有经过安全检查。辛克利挤进人群中，周围有普通民众也有记者，他离总统只有 20 英尺。

出于本能,特工蒂莫西·麦卡锡冲到里根前面为他挡了一枪,这一枪射在他的右胸,子弹射穿了他的右肺和肝脏。即便曾经有特勤局的特工和白宫特警队在保护总统时受伤或牺牲,麦卡锡还是唯一站到总统前为他挡子弹的人。就在 1.5 秒之内,辛克利一连开了 6 枪。除了麦卡锡,华盛顿警察局局长托马斯·德拉汉蒂和白宫新闻秘书吉姆·布莱迪也受了伤。布莱迪脑部受了重伤。

特工丹尼斯·麦卡锡与蒂莫西·麦卡锡没有亲属关系,他是第一个扑向辛克利的人。一开始,麦卡锡以为他听到的是鞭炮声。

"第二枪时,我意识到有人开枪了,"麦卡锡说,"那时,我感到非常惊慌。我知道我必须阻止它。"

到了第三枪,麦卡锡的视线捕捉到了 8 英尺以外的摄像机旁的一双手,那手里握着一把枪。麦卡锡朝着枪猛冲过去,当时辛克利还在开枪。

"我还记得冲过去时的那种绝望的心情……必须抓住他!必须抓住他!我必须阻止他!"麦卡锡说。

辛克利当时保持着蹲坐的射击姿势,麦卡锡扑到他的背上,他就被压倒了。那时 6 发子弹已经全部飞出去了,辛克利没有反抗,麦卡锡耳边却还回响着他"哒哒哒"地扣动扳机的声音。麦卡锡一直不知道如果真的发生枪击事件他该怎么做,那时,他知道了。

里根总统和麦卡锡一样,开始也以为他听到的是鞭炮声。

"那时我都快上车了,然后我听到了左边有两三声像鞭炮一样的声音,是很小的震动声,砰,砰,砰!"里根后来说,"我转过身问,'出什么事了?'就在那时,特工队队长杰里·帕尔抓住了我的腰,把我扔进车后座。我的脸撞在了后座的扶手上,身体倒在座位上,帕尔跳到了我身上。"

"我记得听到 3 响很急的枪声,接下来又有 4 响,"帕尔说,"我和另一个特工雷·沙迪克,一个护在总统身上,一个打开车门。同时,麦卡锡已经飞奔过去抓住了辛克利。我把总统塞进车里,另一个特工关上车门,我们就绝尘而去。

车子飞速驶向白宫。

"我上上下下检查了总统,发现没有血迹,"帕尔说,"过了 15 ~ 20 秒,我们就到了杜邦广场,车子依旧开得很快,里根总统用一张从酒店拿的餐

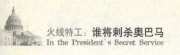

巾纸捂着嘴。他说，'我可能把嘴里划破了！'"

帕尔发现血迹鲜红还起了泡沫，这可能意味着危险。他命令车子调头冲向华盛顿大学医院。他们已经为应付突发事件而提前预约了这家医院。

结果，里根总统到达医院时，他几乎只剩几分钟的命了。调头去医院的举动救了他一命。

里根记得，他们快到医院时，他突然呼吸困难。"无论多么努力，空气都不够用，"他说，"我开始害怕并有些惊慌失措。我就是吸不到足够的空气。"

帕尔说："我们到医院后才知道里根中了枪。我们一进门他就不行了。"

里根被抬到轮床上，他感到腹部一阵剧痛。

"我十分着急，我还是吸不到足够的空气，而医生那时已经往我喉咙里插了呼吸管，"里根说，"我每一次呼吸，都感觉空气越来越少。我躺在轮床上，看着方形的天花板，祈祷着。接着我晕了过去。"

里根清醒之后，他觉得有人在握着他的手。

"那是一双柔软的女性的手，"里根说，"我感到她正靠过来拉起我的手，然后紧紧握着。这感觉很好。直到现在我都觉得很难用言语描述那种感觉有多么安慰和美妙。可能是护士靠近轮床跪下来握着我的手，但是我看不到她。我问道，'是谁？谁握着我的手？'"

这时，里根睁开眼睛，看到了他的爱妻，南茜。

"亲爱的，我忘了躲开。"他开玩笑道。

幸运的是，那天，几乎医院所有的医生都参加了一个会议，会议地点就在离急诊室不远的办公室里。

"几分钟后，病房几乎被所有科室的专家挤满了，"里根说，"一个医生说我需要动手术，我说，'我希望你是共和党人。'他看看我说，'总统先生，今天我们都是共和党人。'一位护士问我感觉如何，我回答，'总之，我宁愿待在费城。'"那是演员 W.C. 菲尔兹墓志铭上的一句话。

外科医生发现里根体内的子弹离心脏仅一英寸，刺穿了他的肺，破坏了他的肺功能。如果他穿了防弹背心，那颗子弹可能就不会射进里根的身体。

"之前我以总统身份出席正式场合，特工们几次要求我在西装里穿件防弹背心，"里根后来解释道，"那天，我要在一些顽固的民主党人面前演讲，他们对我的经济复苏政策毫无好感，那天没有人认为我有必要穿着'金属防弹衣',因为我唯一的暴露时间就是走向车队的 30 英尺路程。"

"我的一些同事说,'我会把里根带回白宫,那里是最安全的,'"帕尔说,"当我把总统送到医院时,我其实是在赌。如果他没有受伤,那我就让全国人民都吓了一跳。但是这次,我的决定是对的。医院派出了一个治疗小组来处理那些枪伤。"

对于帕尔来说,那是一个他从来都不想做的决定。他于 1962 年加入特勤局,约翰·肯尼迪一年后就被刺杀了。

"我们从未忘记这件事,"帕尔说,"我们不希望在我们在职时,再发生同样的事情。不幸的是,它差点发生在我身上。"

"将里根带离现场的特工做了正确的举措。其他特工冲向暗杀者,并制服了他。"前特工威廉·阿尔布兰切特说。他是培训中心的高级导师,负责培训新特工从之前的暗杀事件中吸取教训。他回忆道,"也许他们应该迅速冲进随行车辆并保护总统离开,而不是留在现场抓嫌疑犯,因为那是警察的职责。所有特工总是在想着立即转移:这是一个普通的攻击,还是有一个犯罪团伙对我们了如指掌,想在我们撤离之后再对总统下手?所以,不能等到事后再考虑特工们是不是应该跟着里根一起撤离,我们教给特工的就是要和总统一起撤离以保障他撤离后的安全。"

在医院,FBI 没收了里根使用核武器的授权书,他们声称里根的所有物品都是证据。另一方面,还没有关于总统进行紧急手术时的法律,所以除了里根没有人可以授权其他人使用。

《宪法第 25 修正案》规定,只有总统向众参两院提出书面申请,说明他无法履行职责,副总统才能代职。如果副总统和内阁的大部分成员确定总统无法履行职责,副总统就可以代替履行总统的职务,但是这需要过渡期。

副总统老乔治·布什可以和国防部长商议接替使用核武器的权力,但这种做法是否得到了联邦政府的认可就不得而知了。当老布什接任总统后,他的领导班子做出了一个高度详细、分类清楚的计划,以便在里根突发疾病时迅速转交职权。

辛克利刺杀里根之前,看了朱迪·福斯特 1976 年演出的电影《出租车司机》,成为她的疯狂粉丝。影片讲述一个狂躁的男人策划刺杀总统候选人,由罗伯特·德尼罗饰演男主角,情节则参照亚瑟·布雷默刺杀乔治·华莱士事件而设定。辛克利将这部电影看了好几遍，然后开始跟踪福斯特。在他刺杀里根前，他给福斯特写了一封信，"你会为我骄傲的，朱迪，成千上万的美国人会爱我，爱我们。"

1980年10月9日，大约是辛克利刺杀里根的前6个月，他曾经因为试图在田纳西州纳什维尔携带枪支登机被逮捕，当时他身藏3把手枪。那时，里根正在为总统竞选奔走，刚刚取消了到纳什维尔的行程。

里根遇刺之后，特勤局开始在总统出现的所有场合都使用磁性检测器。"我们尝试寻找适合的间距将人群保持在适当的范围之外，"丹尼·斯普利格说，"这个距离会视场合而定。"他将辛克利收押了，然后就当上了特勤局局长。

特勤局也意识到需要将记者和民众分开，并且确保没人可以混进媒体区，假扮记者。有专门的特工负责媒体区，如果有人想混进来，记者们也会汇报。

特勤局从肯尼迪暗杀事件中学到了很多。他们加派特工人手，将情报数据完善并进行电子化，增加了先遣活动和情报搜集的人手，组建了狙击队，加强了培训力度，也增加了和其他执法机构和联邦政府组织的合作。

"在肯尼迪被刺杀之前，培训内容包含特工讲述作战故事，"被送去进修培训的特工泰勒·拉德说，"还有许多特工从未受过培训。"

现在，特勤局和许多国外特勤机构共享情报和技术。以色列前总理伊扎克·拉宾遇刺后，特勤局和以色列情报局局长辛贝特用大量的时间一起比对笔录。

"拉宾遇刺事件和辛克利刺杀里根的情况十分相像，正是在车队离开时，拉宾被刺杀了。"负责与外国特勤机构联络的前特工道林说。

辛贝特明确指出了他们自己的失误。

"对他们来说，这是一件很悲伤、很刺激神经的事情，"道林说，"那个人在车队周围兜兜转转了一段时间，本来应该有人注意到的。我们发现辛克利刺杀总统时也有相似之处。我们掌握到正在跟踪总统的人和曾经跟踪过总统的人，他们这么做并不是因为他们认为里根是坏人，或者卡特是坏人，而是总统们的职务和特权让他们感兴趣。"

里根遇刺的第二年，特勤局华盛顿办事处开始接到电话，有人恐吓要杀死里根。这个人会说："我要开枪杀了他。"然后他就挂断了。

当时，丹尼斯·乔米寄特工正在收集安全情报，他知道有人即将打电话进来，因为他看到了一份情报单，上面记录着 24 小时内发生的情况。有一天，最早到岗的乔米基正在翻阅打电话人的信息，有人打到办事处的主线上，当时办事处坐落在宾夕法尼亚大道第 19 街。他拿起了听筒。

"嘿，是我，"打电话的人说，"你认识我的。"

"我不知道你是谁！"乔米基答道。

"我就是那个经常打电话来说要干掉总统的人。"这个人说。

"你看，帮我个忙，"乔米基说，"我正站在门口墙上的电话机旁接你的电话。你能不能等我回到办公室时再打回来，这样我可以坐下和你聊聊？"

这个人同意了，而乔米基给了他自己的办公桌电话。

那时，特勤局已经和电话公司，也就是今天的威瑞森通讯公司，定下协议，一旦特工给公司的主管打电话，那接下来打到特工电话上的来电就一定会被追踪，就算是未知号码来电也一样。于是乔米基给一个主管打了电话，并给了他自己的号码。这样所有打入给他的电话就会被追踪。那个人真的蠢到打电话给乔米基了。

"我回到自己的办公桌，当然，这个人打进来了，"乔米基说，"我们开始说话，而且我将对话录了下来。"

他说他有一把带潜望镜的步枪。

"我会瞄准，扣动扳机，把他的脑壳跟拍南瓜一样打个稀烂！"那个人说。

"嘿，这可是很严重的事，我们为什么不见面呢？"乔米基问。

"你以为呢？我疯了不成？"那个人吼着摔断了电话。

电话公司打来说那个人是从纽约大道上的一部付费电话上打来的。乔米基记下这部付费电话的地址，冲出了大门。这时，另一位特工走了进来。

"鲍勃，快点儿，跟我走，"乔米基说，"我路上再和你解释。"

他们跑到特勤局车库，跳进自己的特工车，飞驰到纽约大道第 11 街，当时那里是灰狗长途车的中转站。

"我们到处找，什么人都没有，"乔米基说，"附近有一个咖啡外卖摊子，我们走过去问，'你刚才看见有什么人在打电话吗？'"

"有，大概 7 点 45 分时有人。"他说。

他描述了那个人大概的身高体重，并说他穿着蓝裤子和蓝衬衫。卖咖啡的人提供的时间和乔米基在总部接到电话的时间相符。乔米基问卖咖啡的人为什么会注意到一个在公共电话亭打电话的人。

"通常我都是 8 点到这个街角摆摊的，"这个人解释道，"我今天碰巧来早了，而我的顾客 8 点前都还没到，所以生意并不算好。我就坐在这看着电话亭，然后看到有人去打电话，所以碰巧记得他的样子。"

两名特工跑回车上。乔米基往东向纽约大道开去，另一名特工则往西开。突然，乔米基看到一个和卖咖啡的人描述得一模一样的男人。他正在一个公车站台外的付费电话亭打电话。

乔米基打了个急转弯，把车停在对面。他走到这个人身后，听到他用一种中西部口音说话——就是早晨打电话给他的人的声音！

"我掐住了他的后颈，把他按到电话机和墙板之间，然后抓起他的电话。"乔米基说。

"我是特勤局特工乔米基，你是谁？"

"天呐！你是怎么抓住他的？"电话那端的人尖叫了一声。电话那端的人也是办事处的特工，他说这个人打电话来说要杀死里根。

嫌疑犯声称他只是想叫一部出租车。他试图逃跑，乔米基把他拉到自己的车旁，把他按在行李箱盖上，给他戴上了手铐。后来那个人接受了心理测试，法官认为他有心理问题，必须住进精神病院。

特工们经常要和有"白宫癖"的人打交道，白宫癖是白宫人员自以为是、自视过高的心理诟病。里根执政后期，这种诟病几乎使一位白宫助理丧生在特工的枪下。当时，格林恩·史密斯特工保护里根在纽约的沃尔多夫阿斯托里亚酒店参加联合国大会。史密斯听到有人在叫喊。他立即掏出史密斯 & 威森 357 左轮手枪并把手指放在扳机上，喊道："停下来，要不我开枪啦！"只见那人飞快地窜进一个房间，身后还有一名全力追赶他的纽约警察。

那个人其实是一个白宫工作人员，他太自高自大，当特工要求他表明身份时，他拒绝了。特工设法拦住他，他一把将特工推开了，于是警察就追赶他。

"如果我当时能把他瞄准的话，我就对他开枪了！"史密斯说。

一些人见到里根就完全失控了，这是里根在众多总统之中的特别之处。

人群中的一个女性把她的小宝宝扔到半空，格林恩·史密斯只能去接住那个小孩。一位 80 岁的老太太将里根的手紧紧地握住，以至于史密斯得"撬开"她的手。一个保安为了得到里根的签名，闪着车灯，全速追着空军一号，还好他把车及时停下了。

"就差几秒，我们就要向那辆车开火了。"史密斯说。

里根执政期间，从未出现阿兹海默症的症状，他却因此病离世。"他的特工队有 120 个人，而他记得每一个人的名字。"史密斯说。

1993 年 3 月，也就是里根宣布他患阿兹海默症的前一年，他在自己的图书馆款待了加拿大总理布莱恩·莫隆尼并邀请他到农场一聚。莫隆尼离开时，他问乔米基："你没发现总统有什么不一样吗？"

乔米基说他发现了，但是说不出来哪里不对劲。

"他说话说到一半就突然停下来，好像不知道他在说什么，然后他会开始说一个全新的话题。"

里根离任后的第三年，打算在俄亥俄州阿克伦城进行一次演讲。此时的排场与他在任时的大大不同了，只有一个工作人员和他的特工小分队。小分队的负责人来到指挥室，对特工道林说："你知道吗？总统整个早晨都一个人坐在房间里。他肯定想有人和他聊聊天。能让他来指挥室和大家聊一会儿吗？"

"那太棒了！快请他过来吧！"道林说。

里根和特工们聊了 2 个小时，讲故事，说笑话。

"他说他和米哈伊尔·戈尔巴乔夫私下里聊过，"道林说，"他们谈话的内容不是当前，而是我们的后人和他们将过的生活。"

第 16 章

看好戏
特工和头头们打起来了

为总统挡子弹的特工们承担着特别的责任。一位特工说，除了风光的职位和大量的出行，"特工是我为国家服务的最高形式。"

"特工保护的不是个人，而是政府的完整性，所以说我们是为政府挡子弹，不是为个人。"另一位特工说。

特工的工作不仅包括保护总统，也包括保护其他特工的安全。

"但我以总统贴身保镖的身份陪同他到达某处时，我知道并相信所有人都会做好本职工作，"前特工诺姆·贾维斯说，"特工们轮班执行任务，每一个特工都有特定的任务。如果每个人都做好自己的工作，那么你就不需要瞻前顾后担心有什么不到之处了，因为事情都有人在做。你只需要全神投入自己的工作就好了。特工之间有牢固的信任。"

反之亦然。

"如果你发现有人在偷懒或者犯错或者无所事事，那可就不只意味着'嘿，这个人是个害群之马，我怎么会和这种人一起工作'，"贾维斯说，"你会觉得自己有生命危险。当然，总统也有生命危险。所以我们只能互相监督互相保护，用各种正面的或负面的方法让各自做各自该做的事情。"

特工们明白这份工作需要耗费大量的时间和进行大范围的旅行。特勤局网站上的职务描述也对此作出了说明。

"特工们是有动力的，"一位特工说，"最终的目标相同，就是要把工作做完，并且用正确的方法。"

但是很多人说，特勤局不必要的管理条例使特工的工作更加困难。特别是特勤局毫无人情的调任政策迫使很多特工在退休前就提请辞职，还为政府增加了财政负担。由于恐怖活动的频繁威胁，对特工的需求量就更大了。

　　不少的特工不能调到爱人所在的城市工作，而有一些人则被迫调离爱人所在的城市。一般情况下，提出调任的特工会自行支付搬家的费用。对于接受留在原工作城市的特工，特勤局会给予 10～15 万美元的补助。

　　"我们冒着替别人吃子弹的危险，那还不是最难的，"前特工杰西卡·约翰逊说，"难的不是我们总在面临的那些事。风险总是存在，而让工作更难的是管理不善。如果特勤局管理得当，就会保留更好的人才，也不会有那么多人辞职了。"

　　"9·11"事件之后，一些私营企业开始花重金聘请曾在联邦执法部门工作过的人员。比较典型的是，聘请曾负责保护副总统的特工为大公司提供安保服务或者创立私人的安保公司。对于那些想要拿到政府全额养老保险金的人，其他联邦执法机构也会提供许多就业机会。

　　在当时的退休机制下，特工如果被调任到其他政府机构，将无法获得退休金。这种情况到 1984 年才有所改变。如果他们服务了 20 年，那么 50 岁就可以退休。对于任何政府机构或私人企业来说，一个在特勤局或 FBI 工作过的特工都是条"大鱼"。

　　FBI 已经开始采取挽留特工的措施了，而特勤局还是没什么动静。如果在 FBI 工作满 3 年，除非这个特工选择进管理层，否则他可以永远在工作的城市继续服务。而进入管理层的特工只能在工作的城市再服务 5 年。

　　特勤局的规矩则不同，20 年的任期内特工可能要接受 3～4 次的调任，而进入管理层的特工则要接受 5～6 次的调任，因为他们需要从不同的办事处吸取经验。但是在办事处工作的经验大同小异。十几年前，FBI 有过同样的规定，但是后来取消了这个规定，因为 FBI 发现频繁的搬迁没有必要，还会使许多特工辞职；另一方面，要付给调任的特工很高的搬家费同时给新特工支出不少培训费。

　　没有了调动之忧，FBI 的特工可以同爱人一起更好地安排生活。FBI 考虑到也许会出现其中一方必须调到别处去工作的情况，这种情况则很难办。

　　据一个特工说，特勤局的特工像棋盘上的棋子一样被挪来挪去，完全不由他们个人的意愿。特勤局既不对调动的原因作出解释，也不对这种影响特工私人生活的政策做出解释。他们最典型的做法就是给出一些冠冕堂皇的理由，比如"工作需要"。如果这名特工有"水分"，也就是和高层有

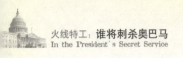

关系，那可就由他胡来了。

杰西卡·约翰逊在克林顿位于纽约的家中当了2年的贴身保镖，她想调回她长大的地方——加州——去工作。

"真是晴天霹雳，他们突然说任何人都不能调离纽约，"她说，"他们说找不到人能代替我。但是，他们同期又发出了一封电子邮件，宣布说任何想要调到洛杉矶、纽约或旧金山的特工，不管在哪工作，举手汇报吧，你就能去了。所以我填写了备忘录，算是举手汇报了。我忐忑不安，他们却告诉我，'哦，我们找不到人替代你，所以你不能走。'"

与此同时，洛杉矶的朋友们给约翰逊转发了管理层发出的邮件，通知他们会被调离洛杉矶，为总统提供贴身保护。

"1年后，我再次向管理层提出申请时，他们说，'哦，洛杉矶人数满了，要不你到纽约的办事处去吧？'"约翰逊说。

在纽约服务了3年之后，约翰逊终于被批准调往洛杉矶。她说，"我发现洛杉矶还得再招11个人，试问4个月之内怎么招满11个人啊？"

特勤局无视特工在其他城市工作的爱人的例子太多了。约翰逊说，洛杉矶的一个特工和一个夏威夷的医生谈恋爱。后来结婚了，这位特工就申请调到他妻子工作的夏威夷。

"我们在夏威夷有办事处，所以他调动比他妻子调动容易些，"约翰逊说，"但他在洛杉矶办事处没有关系，因此不能调到夏威夷。所以他辞职了，他认为婚姻更重要。"

他搬到夏威夷大概1个月后，他申请重返特勤局。他和夏威夷办事处的领导有点关系，便顺利进去了。

"当你被告知无法调动时，那就得看看底线了，看你的老板是谁。"约翰逊说。

特工丹·克利士被要求调到洛杉矶，他的妻子是一位放射肿瘤医师，想在那里找到工作很困难。最后，她在丹佛附近找了一份工作。克利士提出申请，请求调到丹佛或夏延，并提出自己付搬家费。光是搬家费就能给政府省下7.5万美元。但是他的请求被拒绝了。他们夫妻分开生活了2年，这个特工每个月要飞到丹佛一两次去看望妻子和小女儿。

同期，特勤局征集自愿调到丹佛的特工。大约10个特工被调动到丹佛，资历尚浅的特工，政府给每人付了 7.5 万美元的安家费。

"如果当时没有职位空着，特勤局可以说，'哦，不好意思，那个办事处人手够了，你只能待在这里了。'"克利士说，"然后，当你准备调到别处时，那个你想去的城市肯定是招人了，你拿着调任的证明却不能去报到。然后，特勤局又调了新的特工到你工作的城市。特工之间的关系错综复杂，但是你得找对关系，不然特勤局是不会管你的死活的。"

克利士为特勤局工作了 8 年之后，最终辞职了，并在科罗拉多的另一家联邦机构工作。

在华盛顿工作的特工乔尔·缪伦同一位海军律师喜结连理。这位海军被调到圣地亚哥，缪伦向特勤局提出调职到圣地亚哥办事处，安家费由海军部提供。这次调职申请刚开始被批准了，而且圣地亚哥办事处也有空缺职位，但是总部拒绝了。缪伦刚和妻子在圣地亚哥附近安下家来，特勤局就告知他将被调职到洛杉矶。

"我每天从家到办公室要奔走 96 英里，"缪伦说，"我坚持了 14 个月。然后我就离开了，开始在海军犯罪调查处工作。"

损失了一位有 10 年工作经验的老资格特工，特勤局还需要支付缪伦的 24 万美元调职费，包括他在华盛顿地区的房产折价损失。

特勤局对申报空缺职位的城市和特工申请调职的目的地没有标准化，公开化。如果一位特工有足够的关系，那他就会排到别人前面。

相反，FBI 共有 1.25 万名特工，他们将各地办事处的空缺职位和申请人传到网上，这样所有特工都能知道谁在竞争。FBI 说关系对调职没有用，由于名单的公开化，一旦有暗箱操作，特工们就都知道了。

而特勤局的调职名单和升职竞争系统还是老旧的 DOS 系统，这就可以看到特勤局是怎么看待特工们的意愿的。

退休前离职的现象近几年持续增加。特勤局总共有 3 404 名特工。他们用过半的工作时间来保护总统和其他国家的元首，以及来访的外国贵宾。特工们怨声载道，情况越来越不明朗。特勤局拒绝给出全年的离职登记，其实年离职率大概是 5%。而白宫特警队的年离职率达 12%，也就是大概有 1 288 人。更值得注意的是，有 10 年工作经验的特工说，当年同他们一起培训的同事有 30% ～ 50% 的人已经离职了。

"离职的特工一般都是工作能力很高而且在业内口碑不俗的人，"一位特工说，"这真是让人痛心啊。"

特勤局请了一位分析师以华盛顿办事处为例，分析保留人力资源的问题以及它与特工高流动率之间的关系。结果反映出这是一个日益严峻的问题。政府花在一名新特工身上的钱为8万美元，这笔钱包括特工的薪水，器材费和旅行费用，但不包括固定的培训设备费和培训师的薪水。

"高层几乎驳回了调查结果，说，'我们没有任何人才保留的问题。'"一名现职特工说，"他们就是不想听。"

女特工约翰逊现在是地产商人，她谈起了她离职前，在面谈时讨论这个问题的情况。

"同我进行离职面谈的主管在把我引出门时说，'如果有任何我们需要了解的问题，你就说出来吧。'"约翰逊说，"我说，'嗯，好吧，你肯定听过这个问题许多次了。'然后我说了强加在特工身上不必要的负担和相关的例子。"

这位主管变得很谨慎。

"他说军队对国家的贡献更多，老百姓也比我们对国家的贡献更多，"她说，"他根本就听不进去我说的话。"

在一次华盛顿办事处会议上，一名特工向特勤局的官员提到了这个问题。他说："我们关心家庭，妻子和孩子。是时候改变了！"

不久之后，这名特工离职了。

特工们说，最近几年，特勤局对特工的轻视和偏见愈演愈烈，并且一直在忽视挽留优秀的特工。

"我们的领导风格就是一刀切，这是有问题的，"一名特工说，"他们不想做任何事来改变现状。"

特工们说特勤局会提拔那些办事风格与他们相近的人，让他们在主管位置上工作两三年，状况完全没有改变，他们就离开了。有个例子可以证明管理的不足，副总统贴身保镖队的主管说，这个队里人人都提出要升职，所以没人能够升职了。

"最奢侈的希望就是到一个你能充分施展身手的工作环境，那么下一次人事的变动很可能就是你的最后一次了。"这位队长对特工们说。

"无须多言，听到这话，特工们的士气从天上降到地下，"当时在场的一位特工说，"几个特工说，'也就这样了，我们得另寻出路！'"

约翰逊说她很自然地接受了这个事实，特工的工作是非常辛苦和麻烦的。她被派去保护前总统克林顿，他当时经常性地出访外国。她几乎无法安排自己的个人生活，不能做什么私人的计划，因为克林顿的计划就是她的计划。

令约翰逊和其他特工憎恨的是，特勤局无视那些可以减轻特工工作负担的好机会。比如，特勤局会在前一周周五下午做好特工下一周的工作安排，而周末马上开始了。结果，特工们无法安排个人活动和聚会。

出行时，他们希望特工可以准确按照时间表工作。在过去的几年中，特勤局减少了加班费，只是规定调休时间可以灵活些，却经常拒绝特工在调休时间内工作，以免付他们更多的加班费。如果开始了弹性工时的时间，那么特工们一定要在一周内用完这些调休。但是如果有突发的事件，那他们可能会被强迫放弃自己的调休。7 年后，一个在大城市服务的特工可能会拿到 11 万美元以上的年薪，但是一整年都没有加班费。

"如果你出国工作了，那就是一周 7 天，每天工作 18 ~ 24 小时，但是时间表上还是写着你的工作是朝九晚五。"一名特工说。

这意味着特勤局会为周末付加班工资，但是工作日的加班则没有薪水拿。另一方面，特勤局会习惯性地将两三年的加班费积压着不发下来。2008 年的秋天，总统贴身保镖队的主管甚至开始拒绝记录特工的加班费。当特工开始向财政管理部门投诉时，主管告诉他们不要再打听了。

不管有没有薪水拿，特工们最终过着每天工作 18 小时的日子。

"你能想象有多累？连着一个礼拜每天只睡三四个小时。"一名特工说。

"飞行员都有强制休息时段，"一位前特工说，"但是在总统身旁随时为他吃子弹的伙计，已经 3 天没合过眼却还在 4 个时区里飞来飞去。"

一天晚上，这名特工和他的妻子发生了争执。

"你没权力管孩子，你根本就不是他们的爸爸，"他的妻子吼道，"你根本就不像个爸爸，从来不在他们身边。"

她说得对，这位前特工说。

"我总是不在他们身边，"他说，"我错过了一切，错过圣诞节，错过感

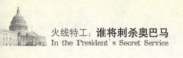

恩节。"

这位特工辞职了。

特勤局的不依不饶也影响到行政部门的工作人员。有一名调查助理，她主要负责安排调休和接替工作。她想早半个小时上班，这样就可以提早半个小时下班去幼儿园那接孩子。

特勤局拒绝了她的要求，所以她去了住宅和城市发展部工作，那里批准了她想要的工作时间，她甚至可以周五在家办公。

约翰逊，这位在特勤局做了 10 年的特工，终于离职了。她说特勤局主要掌握在一些老八股手中，他们以为有人会不惜任何代价去那里工作。

"过去，在特勤局当特工的确是一个铁饭碗，"约翰逊说，"人们排着队都想进去。架子上还有许多年前的申请表格。人们会为了获得特勤局的职位放弃一切。酬劳很高也很稳定。但是，时光一去不复返了，而管理者的心理却没有变。人们可以在私人企业拿更高的工资，自己干也可以赚更多钱，而且风险更小。虽然管理部门态度强硬，但是我们真的应该感谢他们，让我们清醒过来找了份别的工作。"

特勤局现在很难再招到适合的申请者以填补离职空缺了。

"招一批特工并不成问题，但招到合格的申请者就很难了，"约翰逊说，"因为特工工作的高标准，普通人通常无法达到合格特工的要求。他们做了各种努力希望能招到人才，但是他们的政策在把他们已经拥有的人才都赶走了。"

"他们伤害了自己人，"一位前特工说，"他们对待特工就像阿帕奇印第安人对待他们的马：他们把最好的马挑出来，一直骑，一直骑，骑到它死了，还把它啃得连骨头都不剩。"

第17章

树　狼
温和体贴的老布什夫妇

副总统的府邸是一座漂亮的俯视马萨诸塞西北大道的三层官邸，其面积达 9 150 平方英尺，设有游泳池，酒窖和健身房。这座白色砖砌建筑是于 1893 年作为美国海军天文台总长的住所建立的。国会于 1974 年将它改为副总统的官方府邸并把它命名为"瞭望台"。

副总统蒙代尔是第一位入住的，他的前任纳尔逊·洛克菲勒本来可以搬进去，但是他还是决定仍住在华盛顿福克斯豪大街的旧宅，而把这座副总统豪宅作为娱乐之用。

在白天，至少有 5 位海军乘务员为这个美国第二家庭服务：烹饪，购买食品，打扫卫生和洗衣服。在晚上，这些乘务员，或者说海军助理，为第二家庭烘焙巧克力脆饼干，准备其他美食。当然 ，他们也会把宴会剩下的美味佳肴藏进冰箱。

特勤局有一座单独的建筑，代号为"塔楼"（Tower）。而特勤局的特工将副总统的府邸称为"物件"（the res）。

当老布什还是副总统的时候，特工威廉·阿尔布兰切特就在副总统府邸值夜班。特工们把保护总统的特遣队称为"大戏"（the big show），而副总统的则称为"可以免费停车的小戏"（the little show with free parking）。因为和白宫不同，副总统府邸为特工们提供车位。

特勤局特工皮特·道林告诉当年刚刚上岗的阿尔布兰切特："服务人员每天都会烤饼干，因为那是他们的工作和职责。而我们的职责就是在午夜把它们或者前一天留下的美食找出来，尽可能多吃点儿。"

凌晨 3 点，在地下室值班的阿尔布兰切特开始饿了。

"我们不允许从厨房拿食物吃，但是有时候到了半夜你会很饿，"阿尔布兰切特说，"我走进设在地下室的厨房，打开了冰箱门。我希望能找到白天多做的小吃，可惜我没有找到什么。突然我背后传来一个声音。"

"嗨，这里有什么吃的吗？"这个人问。

"我转过头发现老布什总统就站在我右后方，"阿尔布兰切特说，"我克制住自己看到他时的震惊。布什说，'唉，我真的希望能够找到一点吃的。'我说，'是的阁下，服务人员每天都烤饼干，可是每到晚上他们就把东西藏了起来'。布什当时眨了眨眼睛说，'让我们一起找一下'。于是我们把厨房翻了个遍，当然了，我们找到了这些食品。他拿了一些巧克力脆饼干和一杯牛奶回楼上卧室去了，我也拿了一些饼干和一杯牛奶回到了地下室的值班室。"

当阿尔布兰切特回到值班室时，道林问他："你在跟谁说话来着？"

等阿尔布兰切特讲出了自己的经历，道林说："啊，这样啊。"

布什的常规特工小组成员同一名临时派来的特工开了个玩笑，他们告诉他特工可以在副总统的洗衣房里洗衣服。

"他就直接去用了副总统的洗衣机和烘干机，"前特工帕特里克·苏利文回忆道，"布什先生下来和其他特工说，'他在洗衣服！'"

一位主管听说了这件事之后很懊恼地告诉芭芭拉·布什那只是一个恶作剧。

"噢，没关系。"她说。

事实上，在缅因州肯纳邦克港的老家，芭芭拉·布什有一次还特意到特工的值班室去询问特工们有没有什么衣物需要她帮忙洗的，她说反正她有一大堆的衣物要洗。她同特工关系很好，就连皮特·道林特工的妻子琳迪在准备生孩子的时候，这位第一夫人还告诉他无论这个宝宝是白天还是晚上降生都要给她打电话。

在 1982 年的竞选中，作为副总统的老布什要飞往爱达荷州博伊西去参加一个慈善筹款活动。当时他在科罗拉多河畔北园大街的海图室海鲜餐厅用晚餐。

道林说："为了保护他，我们在餐厅内安排了特工，通常我们会在他的座位附近布岗。"

道林坐下几分钟后，就听到了无线电中传来的信息：两个身穿迷彩服

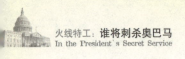

携带长兵器的白人男子从餐厅后方匍匐向他们爬来。他们手中拿着武器，腹部贴着地面，正用肘部向前爬行。

这时，道林抬头看到了这两个坏蛋。他想起一条情报：利比亚往美国派遣了一个恐怖分子小组来刺杀美国高官。道林本能地从座位上跳起来，把老布什扑倒在地，食物满天飞，然后他迅速趴在总统身上。

"出什么事了？"老布什问。

"我不知道，但是您要把头压低。"道林回答道。

道林抬头，看到大约100名执法人员、特工、警长和州警察，荷枪实弹地出现了。他们通常是在副总统出行时作为后备支援。那两个坏蛋双手抱头，跪倒在地。

"我们将副总统带离了餐厅，使他远离了在那里可能发生的一切危险，"道林说，"你可能觉得我阻止了一场暗杀。"

事实是这样，这家餐厅就在被抓的其中一人的女朋友住所的附近。

"这个人去看他的女朋友，发现她正和别人在一起，所以他十分生气。在争执中，第三者拿出一把小刀，划伤了他但是不严重。而被划伤的人决定当晚就找人把这个第三者干掉。"

在不知道副总统要来的情况下，他们在餐厅停了车，准备遛到公寓大楼去。最后他们因非法持有武器和企图伤人被判刑。

和很多别的总统不同，代号为"树狼"（Timberwolf）的老布什对待特工和身边的所有人都十分尊重和体贴，他的夫人芭芭拉也一样。老布什当上总统后，一次，他12岁的孙子乔治·普利斯考特·布什在白宫网球场上打球。总统的行政管理助理 J. 邦妮·纽曼和总统行程安排助理约瑟夫·W. 海根到了球场准备打球。他们已经提前预约好了场地，但是见到总统的孙子后，就转身准备离开球场返回白宫。

就在这时，代号为"安宁"（Tranquility）的芭芭拉告诉小乔治要离开场地。

"当我们到那看到总统的孙子，那时他留在那继续打球完全没有问题，"纽曼说，"但是布什夫人看到我们去了就把他拉走了。她是在向所有人包括员工，但更多的是在向第一家庭传递这个信息：要时刻注意自己的礼节。"

"老布什是个很棒的人，那么随和又平易近人，"一位特工说，"他和布什夫人都非常体贴人，他们能设身处地为他人着想。"

　　"老布什对他的工作人员说得很清楚，因为没有人是安全专家，如果特勤局做的决定得到了他的认同，那么无论发生了什么事，这些决定都绝不会被质疑而他们也不会受到牵连，"道林说，"因此就像一瞬间，所有人都能紧密合作来保证他的安全，并保证他参与的活动得以成功举行。"

　　老布什对所有的特工都考虑得太周到了，以至于他每个圣诞夜都留在城里，这样特工们就可以和家人团聚。然后他会和家人在圣诞的第二天飞去得克萨斯州的老家。特工们对他唯一的抱怨就是他太活跃了。

　　"他是一个坐不住的人，"一位特工说，"是一个恒动体。"

　　在每一间酒店，特工都需要确保布什的房间里有一辆室内健身脚踏车。如果酒店没有这种配备，特工就会去租一台。

　　"他不读书，"这位特工说，"他必须在一台跑步机上。总是前进，前进，前进！对于特工来说这意味着更多工作。他会去网球场，跑马场，高尔夫球场，要么是出海，特工们总是有得忙。"

　　一开始，老布什会为安保系统而发怒。

　　"大多数人要适应被保护是很困难的，"特勤局前局长丹尼·斯普利格说，"他们不得不这么做，但是起初他们很难接受时刻受人保护。你破坏了他们的私人生活。即便我已经做这行 20 年了，我还是无法想象当我被告知我无法去看电影，去游乐场或者任何我想去的地方时会是什么样。同样的，我也无法想象我多年的朋友在拜访我时必须事先提交他们的名字、社保号码和出生日期。"

　　曾经一周有过两次，车队响着警铃，把老布什送到距白宫仅有几个街区的会场。老布什厌烦了特工们的小题大做，并且觉得他只是走路到那个会场就可以了。他的保护特遣队决定跟他开个玩笑。总统的豪华座驾和掩护车辆是由特工驾驶的，而其他特勤局车辆则由负责提供支援的技术专家驾驶。其中一位头发花白的司机叫比利·英格拉姆，他是一位参加过朝鲜战争的老兵。

　　"他嘴里总是叼着一根烟，烟灰掉得满地都是，"乔·芬克特工说，"他自己的车有 20 年历史了，而且表面伤痕累累，散发着浓重的烟味。"

　　特工们把总统专用标识印在英格拉姆的车上，并且把美国国旗也插在上面。当总统从会场出来准备奔赴下一站时，他看不到自己的豪华轿车，

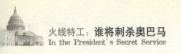

取而代之的是英格拉姆的车停在前面。

"他看了看车，"芬克说，"他转向芭芭拉问，'发生了什么事？'"

"你不总是抱怨豪华轿车嘛，咱们走吧！"第一夫人回答。

布什走进英格拉姆千疮百孔的车，对特工说："你们赢了。"

"他们把他送到大门，总统的豪华轿车正在那里待命。"

布什有一个习惯，他会无视特工的警告，离开总统办公室，穿过玫瑰园，隔着栅栏和宾夕法尼亚大街上的民众打招呼。当布什打开那扇通往外界的门，听到警铃声的特工们就会飞速赶到栅栏那边。很快，《华盛顿邮报》报道了民众们十分开心意外地听到了来自总统的问候。之后当老布什又一次和民众进行"栏边会见"时，特工格林恩·史密斯发现了一个"标准"的危险分子。

"这个人在夏天穿着外套，蓬头垢面，还东张西望，"史密斯说，"我们及时把他拿下了，结果发现他携带了一把9毫米的手枪，可能就是要用来刺杀总统的。"

特工组的组长向老布什指出，没有任何安保措施就和民众见面会令他和特工都身处险境。在那以后，"老布什会给我们时间在栅栏周围设定安全地带。"

出于好意，特工会将豪华座驾内的收音机调到总统或副总统喜欢的频道。老布什是一个乡村音乐爱好者，所以特工会把收音机频道调到他们所到之处的乡村音乐台。

"一次老布什坐进车厢，打开了收音机，一段乡村音乐传了出来，那是他最喜欢的一首歌，"阿尔布兰切特说，"他开始随着歌曲哼唱。这位驾驶汽车的特工从后视镜看了看老布什。"

"拉利，你觉得我唱得怎么样？"老布什问司机。

拉利毫不犹豫地回答："老板，唱得再好也别把总统的工作给辞了。"

特工们的职责之一是忽视他们在场时听到的一切对话，但是他们能听到一切。一次，特工开车载着老布什、第一夫人和他们的两个孩子，他们坐在汽车后座。

"他们热烈讨论某一话题突然被打断了，"阿尔布兰切特说，"当他们问对方刚才在谈论什么时，大家面面相觑想不起来了，然后开车的特工顺口说道，'你们在聊社会保障。'"

这种做法违反了特勤协定，坐在副驾驶座的主管后来训斥了这位特工，因此这位特工不能在交通组工作了。但是老布什喜欢他，当他有段时间看不到他就要求特勤局把他派来开车。特勤局的主管对此感到意外。

在老布什的任期内，特勤局获得了一条情报，据说一个哥伦比亚的贩毒集团会对第一家庭采取行动。于是，特勤局开始加紧保护老布什的孩子们，包括后来的总统乔治·W.布什和他的孩子，以及他的兄弟姐妹。

"他（小布什）刚买了一辆林肯车，而我们就紧跟着他的车，"前特工约翰·戈登说，"他看到黄灯后迅速停了车。我们冲进他的车，没有发现任何异常情况。"

布什全家常常聚集在他肯尼邦克港的避暑别墅，因此特工们把那里称作"狼营"。这座别墅建于水上，特勤局征用了军队对水下的爆炸物进行检查并对水域中的船只进行巡查。

"我们在肯尼邦克港的香烟船比总统的船要快，但是我们不能告诉他，要不然他会去买一艘更快的船。"特工安德鲁·格鲁勒说。

有一年冬天，老布什和芭芭拉飞往他们在肯尼邦克港的别墅。当时天气非常寒冷，而总统和夫人要外出散步。

"我戴了一顶帽子，另外两名特工也戴了帽子，但是负责保护芭芭拉的一名特工没有戴帽子，"苏利文特工说，"总统和夫人一走出来，我们就开始跟随着他们。"

"你的帽子呢？"夫人问没戴帽子的特工。

"哦，夫人，我没带帽子过来，我没想到会这么冷。"他说。

"乔治，我们要给这位特工找顶帽子。"芭芭拉说。

"好的，亲爱的。"他回答。

芭芭拉又走进房间，拿着一顶总统的毛皮帽子，把它交给了特工。

"夫人，不用了，我这样挺好。"这位特工说。

"嗨，别跟布什夫人争论噢！"总统说。

于是这位特工就戴上了总统的帽子。

"这就是布什夫人，"苏利文说，"她就像每一个人的母亲。她绝对看不得一个 40 岁的男人光着脑袋走在肯尼邦克港的寒风里。她真是善良。"

　　"芭芭拉和老布什非常相爱，"前特工布兰切特说，"他们把婚姻看做是维系二人关系的特别纽带。而且你很少看见一对夫妻像他们一样，能成为彼此最好的朋友。我知道有传闻说老布什和白宫里的某个女人有婚外情。但是告诉你，我为他工作了 4 年，从未看见过。"

　　"虽然芭芭拉那么讨人喜欢又很友善，但如果你做了任何对她的家人不利的事，她就会废了你，"布什特工小组的一位前特工说，"我记得布什一家曾有一些亲密的朋友，而其中一个准备投票给罗斯·佩罗，她就把他踢出去了。老布什总统说，'哦，芭比，这不过是政治。'但是她说，'不对，他那样做是错的！'如果什么人抛弃了发妻，同一个年轻姑娘在一起，她也会非常反对的。"

第 **18** 章

免老布什一死的神奇通灵预感

1992 年，与对手比尔·克林顿竞争争取连任的老布什即将于 9 月 17 日在俄克拉何马州伊尼德发表演讲。诺姆·贾维斯特工负责搜集有关这次出访的情报调查工作，他接到了一位来自俄克拉何马州州立调查局警探的电话。

"他说一个灵媒通过和她一起共同破获得州一件杀人案的警方告诉调查局，她预见布什总统将被一个狙击手刺杀。"贾维斯说。

人们总是会主动给特勤局打电话，说他们预见总统被枪击。但是这一次，这位警探对贾维斯说，这位灵媒的预感真的帮助他们找到了被掩埋的尸体，而且为犯罪调查提供了有效的证据。另一位经验丰富的得克萨斯警探也告诉贾维斯，要认真对待这位灵媒的意见。

"她说的真有那么回事儿。"这位俄克拉何马警探说。

贾维斯记得在电视上看到过这位灵媒，顶着蜂巢式的头发，脚踏一双特制的牛仔靴。她把尸体的埋藏地和被害者的遇害方式都告诉了警察。在老布什抵达伊尼德的前一天，贾维斯和同事驱车到了这位女士的家。她邀请他们进门，贾维斯告诉了她他们拜访的原因。这位灵媒承认她确实预见到老布什将被暗杀。

"正在这时，她的丈夫走进了房间，他看着我问，'她是不是又预见到什么了？'"

"对啊。"贾维斯说。

这个人摇了摇头，穿过客厅走进了厨房。

"我暗示我的同伴去同那人聊聊，"贾维斯说，"我感觉他对这件事很厌恶，好像他并不相信他的妻子。"

　　贾维斯询问她在预示中看到了什么。她说，总统将来到俄克拉何马，他从飞机上走下来，准备去乘车。

　　"我看到他坐在司机后面，"她说，"当他们开过一个天桥时，后车窗被打碎了，总统被杀了。"然后她看到布什站在他在肯尼邦克港的家门前，那时他已经不是总统了。

　　"既然他被杀了，那你怎么可能看到他不再是总统而且还出现在肯尼邦克港？"贾维斯问她。

　　这个女人并不确定，但是当贾维斯质问她时，她提供了关于这个预示的更多细节。当布什进入豪华车时，并没有穿西装，她说，他穿着一件薄夹克和敞口衬衫。

　　贾维斯知道，当总统迈出"空军一号"时总是西装革履，这次出访的着装安排就是西装和领带。而且，当总统坐在豪华车里，他不会坐在司机后面，他会坐在右边，那代表荣誉。

　　这时，贾维斯的同伴从厨房出来了。

　　"他说什么？"贾维斯问。

　　"她丈夫说如果她预见到了什么事，那就会发生。"这位特工说。

　　贾维斯背后直冒凉风，于是他让这位灵媒描述一下总统的座驾。她说这辆车已经在伊尼德了。特勤局总是把车辆提前空运到总统出访的地点，并把它们储藏在一个消防站或者"空军一号"着陆的机场。这时，连贾维斯自己都不知道这辆车被存在哪里。

　　于是，贾维斯要求这位灵媒指出车辆的具体所在地，她说车就存在伊尼德附近的一个空军基地。贾维斯又问她能否带他去，她同意了。

　　在他们去基地的路上，为了确保她的消息只来自她的超能力，贾维斯对她进行了一系列的询问：她是否认识在基地工作的人？是否有人告诉她一辆货运飞机在基地卸载了一辆豪华轿车？

　　当他们快接近基地的5个飞机库时，她开始指路了。

　　"当我们快靠近第一个飞机库时，她说要减速。"贾维斯说。

　　"那幢大楼里有东西。"她说。

　　"什么意思？"贾维斯问。

　　"有一件重要的东西在那幢大楼里。"

"好吧，并不是车对吗？"

"不是。"她说。

当他们开到另一个飞机库时，灵媒说车在那里。然后她还指出另一个飞机库存储着重要的东西。

贾维斯原以为总统座驾会在跑道边缘的消防室里，但他错了，这个灵媒说得对。在总统踏进这辆车之前，特勤局特工都在看守着它。贾维斯和他们确认后，得知那个灵媒指出的飞机库确实是两辆总统座驾的藏身之处。

贾维斯提出总统总是坐在右后侧，但是她坚持说总统会坐在司机身后的位置。当她走回贾维斯的车时，他向负责总统座驾安全的特工询问另外两个她指出的飞机库到底藏着什么重要的东西。

"原来一个飞机库存储着'海军一号'，另一个存储了一些重要的东西，以防紧急情况发生。"贾维斯说。

贾维斯迅速联系到了华盛顿的特勤局情报部门。

"你们会觉得我疯了。"他说，然后他把灵媒预见的情况，和这个女人成功地找到总统座驾的事件叙述了一遍。

在贾维斯看来，"我们总是能碰到奇闻异事，任何情况在情报部看来都是正常的。所以最好的做法是把事情原原本本地讲出来。这样大家可以一起检验真伪，仔细思考一下而后做决定。"

贾维斯在凌晨1点打电话给先遣队队长，把情况简要跟他说了一下。然而，由于灵媒对于总统的衣着和坐车的位置的判断可能有误，他们一起讨论了这些疑惑。在老布什来到俄克拉何马前一天的早晨，先遣队队长还是把这件奇事告知了白宫的老布什特工小组。

接下来贾维斯和负责车队的特工进行了讨论，他问车队是否会载着总统通过一个过街天桥。答案是肯定的。

"有别的替代路线吗？"

"当然，我们总是有两手准备。"这位特工说。

那个早晨，"空军一号"降落了。特工们把它称为"天使"，这个称呼是代号为"天命"（Providence）的德怀特·D.艾森豪威尔当政时获得的。在那之前，富兰克林·D.罗斯福和哈利·S.杜鲁门的飞机都是空军指定的。因为一次某位飞行控制员错把总统的飞机当成了民用飞机，驾驶员建议把总统的飞机命名为"空军一号"。

布什在任时使用的飞机是 1990 年买进的波音 747-200B 大型喷气式客机。它的里程数为 9 600 英里，最大巡航高度为 4.51 万英尺。它的常规巡航速度为每小时 600 英里，最高时速可达 701 英里。除了两名驾驶员，一个领航员和一名随行工程师之外，这个长达 231 英尺的大家伙可以承载空乘人员和 67 名乘客，飞机上还有 87 部电话。

一般的波音 747 有 48.5 万英尺的电线，而为了屏蔽核爆炸发射的电磁脉冲，这架总统专机的电线有 120 万英尺在这架 6 层楼高的飞机前部，有总统的专属套房，里面设置了谒见室，更衣室和带淋浴的卫生间。在谒见室和餐厅兼会议室的附近，总统还有一个私人办公室。向后空间依次供白宫员工，特勤人员，客人和新闻媒体使用。

在联邦航空管理局的监管下，"空军一号"拥有超越任何其他飞机的特权。当快要接近机场时，地面接应的特工会检查跑道上是否有爆炸物或者各种弃置品。总的来说，"空军一号"降落之前的 15 ~ 20 分钟内，其他的飞机不能在同一条跑道上降落。

当布什走出机舱时，贾维斯惊呆了。他没有穿西服！正如灵媒所说的一样，他穿着一件薄夹克和一件开领衬衫。贾维斯和同他一样震惊的先遣队队长交换了一下眼色。然后布什走下扶梯，来到车子的右边坐在他的老位置上。贾维斯放松了一些。但是，结束了在伊尼德的简短演讲后，布什邀请了一些朋友和他一起乘车返回机场。他们先上了车，坐在了右侧。于是布什走到车的左侧，坐在了驾驶员背后的位置。灵媒又一次说对了！

先遣队队长认定，灵媒的说法不能被忽视。别管有人认为他们疯了，但小心驶得万年船。

先遣队队长命令车队走另外一条路线，没有经过天桥。没有灾祸降临到总统头上，因而这件事总统从不知晓。

第19章

鹰
克林顿爱迟到，希拉里是悍妇

STATE OF THE UNION

特工会提到一种说法：克林顿标准时间，这是因为代号为"鹰"(Eagle)
的比尔·克林顿通常会迟到一两个小时。对克林顿而言，一张预约好的行
程表几乎只是一纸"建议"，前特工阿尔布兰切特这样说。

有时，克林顿迟到是因为在和员工玩猜心游戏。其他时候，他会因为
想和偶然遇到的守卫或酒店员工聊天而无视自己的安排。

1993年5月的一天，克林顿与克里斯托弗·斯查特曼预约理发，于是
他让"空军一号"停在洛杉矶国际机场的跑道上等待。克里斯托弗是贝弗
利山庄的明星理发师，他的客户包括妮可·基德曼、戈尔迪·霍恩和史蒂
文·斯皮尔伯格。

"我们从圣地亚哥飞到洛杉矶去接他，"为这趟重大旅行服务的空少詹
姆斯·赛德勒说，"有人跳出来说他应该为总统理发。克里斯托弗为他理发，
我们就出发了。我们在地面等了一个小时。"

当克林顿在剪头发时，洛杉矶机场的两条跑道关闭了。这给全国的乘
客造成了不便，因为这样一来所有要起飞或降落的飞机都要暂停。

媒体报道称这次理发花费了200美元，也就是克里斯托弗在他位于北
比弗利街348号发廊一次理发的正常收费。但是"空军一号"的乘务长霍
华德·富兰克林对我说，斯查特曼在飞机上告诉他，这几剪子他收了500
美元，按通胀调整后相当于现在的750美元。一位工作人员告诉富兰克林
说一位民主党筹款人为总统付了账。

克林顿得知了航班延误的情况后，他对于安排理发的员工很生气。但
是去剪头发的人是他，下令推迟出发的也是他。身为总统的他当然应该知
道如果"空军一号"停留在跑道上，所有航班都得靠边站。

克林顿的参谋们热络地试图将这次劣评扭转为一次得分点。"他还是普通人的总统吗？"白宫通讯主管乔治·斯特凡诺普洛斯在白宫每日简报会被问到这个问题。"当然，"他回答，"我是说，总统需要理发。每个人都需要理发嘛。我想他有权利选择他的理发师。"

克林顿的就职典礼之后，富兰克林对总统的幕僚推手们提出说"高效的关键是规划"，然后这个想法遭到了猛烈的反驳。"他们说，'我们都是自发来到这里的，一切都该自然发生，我们不会改变。'"富兰克林回忆到。除了厌恶作计划，克林顿和他的手下都表现出来一种"军队都是找不到工作的人才去的"的态度，富兰克林说。

如果说克林顿只是迟到这般小打小闹，那希拉里·克林顿则可以把理查德·尼克松衬托得品行优良。所有在内宅的工作人员都记得发生在克里斯托弗·B.艾莫里身上的事。这位白宫接待员因为给已离开白宫的前总统夫人芭芭拉·布什回电话而犯了大忌。艾莫里曾教芭芭拉使用笔记本电脑。后来她又有电脑问题，艾莫里再帮了她一次。就因为这个原因，希拉里·克林顿解雇了他。

已是四个孩子父亲的艾莫里在整整一年内没找到工作。据克林顿的行政助理 W.戴维·沃特金斯的说法，希拉里还是白宫旅务办公室雇员大规模被解雇事件的幕后黑手。

有一次，一名白宫电工在房间里换灯泡。希拉里看到后就开始冲这个可怜的人大嚷大叫，因为她曾说过所有维修工作要在第一家庭外出时进行。

"她逮到一个人在梯子上修灯泡，那个不幸的小子。"白宫助理甜点师弗兰奈特·麦卡洛克说。

"出现在镜头前时，她举止得体，光芒四射；但是当她离开了聚光灯，她就像换了一个人，"据希拉里的一位贴身保镖说，"她易怒又爱挖苦人，对员工十分严厉。她经常对他们大喊大叫而且常常抱怨。"

在她的书《亲历历史》中，希拉里表达了对白宫员工的感激之情。但据一位特工称，事实是，"希拉里从来不和我们讲话。我们为她工作多年，她连谢谢都没说过。"

特工们发现，代号为"日舞"（Sundance）的副总统阿尔·戈尔也跟他的老大是同一块料。每一个特工都听过戈尔因儿子阿尔·戈尔三世在学校的不良表现而训斥他。他警告说："如果你不争气，就进不了好学校；如果你不进好学校，你就会像那些家伙一样！"

戈尔所指的"家伙"就是那些保护他的特工。

"有时戈尔从宅邸出门，坐上车，对特工们连头都不点一下，完全无视我们的存在，"前特工阿尔布兰切特说，"就好像我们不存在一样，我们不过是把他从甲地带到乙地的工具。"从专业角度来看，阿尔布兰切特说："保护你是我们的工作，当然你并不一定需要我们喜欢你，但是良好的关系可以让这样长时间的共处没那么难熬。"

相反，戈尔的妻子蒂佩尔对待特工却非常友善。她会同他们开玩笑。她还会在跑完步后用罐子里的水喷他们。然而，"她坚持要用男特工，"戈尔特工组的前贴身保镖乔米基说，"她不希望护卫组里有女性。"

和克林顿一样，戈尔也常迟到。一次他要参加与北京市长的宴会，后来迟到了一个小时。另一次，因为他太晚离开酒店，等着要把他送到拉斯维加斯的特勤直升机差点没油了。

"日程安排上，他需要在早晨7点15分离开副总统宅邸，"前特工戴维·萨利巴说，"到了7点30分，我们去看他，他还躺在游泳池里吃松饼呢。"

"戈尔不会准时从副总统府出门的，"乔米基说，"当他与人在白宫有约见计划时，他会坐上车说，'你可以快一点吗？但不要用警灯和警笛，尽可能越快越好。'"

特工无法在不用警笛和警灯的情况下加速，但是他们很快想到了一个办法。

"这时特工的头头通过无线通讯说，'好的，咱们要在保证安全的情况下尽可能地加速。'"乔米基说，"他这么做是为了哄副总统开心。"在没有按下通话按钮的情况下，另一位特工会假装在无线电里说，"好！咱们快点走吧！"乔米基说，"这样会让坐在后座的戈尔很满意。"

戈尔随身不带钱，需要时他会向特工借钱。一次，戈尔的女儿高中毕业。他出席了一个为毕业生和家人在老爱比特烧烤餐厅举行的带付现吧台的接待会。

"戈尔走过去点了一杯红酒，然后需要付钱。"乔米基回忆道。

"你有多少钱？"戈尔问乔米基。

乔米基打趣道："我工作很杰出，我是个特工，挣的钱可不少。"

戈尔解释说他需要买一杯红酒。

"二十块够吗？"乔米基问。

"应该够了。"戈尔说。

乔米基给了戈尔一张二十元纸钞，后来戈尔还了钱。

"我觉得他的想法总是：我是副总统，我拿什么都不用花钱。"乔米基说。

戈尔对低卡路里的健康食品十分热衷，但是他只要看到吃的，就得抓一点。"我们曾经为此嘲笑他，"乔米基说，"通常，他们会有一个休息室，主人会出于礼貌摆点食物。阿尔·戈尔从来都不会放过一块饼干，事实上似乎没有一种饼干是他不喜欢的。他很努力要减肥，但你看他卸任后还是变得越来越臃肿。"

作为健康保障的一部分，戈尔会给副总统府安排送货上门的瓶装水，并在家里设置了冷冻处理机。作为常规安全检查的一部分，特勤局会对副总统府的水质进行监测。"白宫和副总统府都配备了水质净化系统，"乔米基说，"我们会每个月检查一次水质，技术人员会从所有水池和水龙头提取样本。"

但是当时的特勤监察员乔米基发现瓶装水没有被检测。经过建议，特勤局也将来自瓶装水的样本送到了美国环境保护署进行检验。两天后，环保署给乔米基打了电话。一位技术人员震惊地告诉他副总统的饮用水里全都是细菌。

"他说环保署需要放大图标才能确定细菌的数量。饮用这种水会造成头痛、腹泻、痢疾和胃痛。"乔米基回忆道。

结果环保署没收了那家瓶装水公司的大批产品。

第 **20** 章

削减开支
捉襟见肘的特勤局举步维艰

"9·11"事件发生后，特勤局遭遇了双重打击。一方面，为体现政府对事件的迅速反应和对改善安全状况的重视程度，总统乔治·W.布什和国会成立了国土安全部，一个有22间机构、18万名员工的综合体。2003年3月1日，特勤局由财政部易主至这个新部门。曾经万众瞩目的明星，变成了同其他的机能残障机构抢资金的养子。

另一方面，对特勤工作的需求大幅度增加。我在《反恐行动观察》中就有过简要描述：基地组织的目的是给美国毁灭性的一击，并很有可能运用核武器。"9·11"事件后，对总统和副总统的安保工作需要更为全面和强化。

作为应对，布什总统仅仅是将接受特勤保护的人员人数翻倍。其中永久受保护个人数量增加到27名，外加10名家属。另7名能接受出游安保。通过总统行政令，布什为他的参谋长和国家安全顾问也提供了保护。另外，财政部长和国土安全部长也因与总统职位自身密切相关，经国土安全部部长批准后受到保护。一些官员能接受到部分安保，比如于工作途中。

作为对1971年国会通过特勤局职责界定的扩展，特勤局的保护对象也包括保护来访的国家元首、配偶以及随行官员。据2000年的总统威胁保护法，特勤局还负责规划和实施针对"国家重大事件及特殊场合"的安保工作安排。

2002年盐湖城冬奥会是这项法案颁布后的第一个施行活动。在此之前，据1998年克林顿总统指令，如总统国情咨文报告的一些活动也采取过类似的安保安排。另外一些我们称为的重大安全事件，包括联合国大会、总统就职大典、民主党和共和党竞选候选人提名大会、超级碗、八国集团首脑会议和如2008年教皇本笃十六世来访等重大事件。前总统罗纳德·里根和杰拉德·福特的国葬亦在此列。在这些活动中，特勤局是首要的执法机关，统筹管理一切安保工作。

即便现在副总统的贴身保镖有 150 人，总统的有 300 人，特工人手仍然捉襟见肘。特工们经常每天都要为了不同的前期准备工作赶到世界各地。2008 年总统选举阵线长度创了新的纪录，而对特勤局工作的要求也更是史无前例。

特勤局的预算不痛不痒地慢速提升着，年度拨款仅仅只有 14 亿美元，比一架隐形轰炸机的开销还少。这笔钱的 30% 花在了犯罪调查上，例如假冒伪造、支票欺诈、银行卡或信用卡诈骗、身份犯罪，和针对国家金融、银行、通信产业的计算机犯罪。相应地就有 30% 的特勤局特工负责进行犯罪调查。不过这个数字仍然很有误导的嫌疑，因为在外地办公室进行调研的特工常会定期被抽起，派去参与实地保卫工作。在正常工作时间里，特工们都花了稍稍过半的时间进行安保工作。而因调研工作对开展现场保护工作十分有益，拥有 6 489 名员工的特勤局仍在不断地向犯罪研究领域扩张控制权。

当然，特勤局在金融犯罪调查方面功勋显著。

在 1983 年，特勤局局长马克·苏利文还是个普通特工。"刚开始调查时，从餐厅背后垃圾桶里翻查信用卡号码用于欺诈就算是很复杂的信用卡诈骗了。"苏利文告诉我说。

另一种方式是从医院偷印花机。

"他们会把信用卡号和卡上的姓名打印出来。接下去的一切就顺水推舟般轻易了。这就是那时精密的信用卡诈骗。"苏利文说。

现在特勤局还要应对最繁复的计算机犯罪。知道特勤局调查的精细程度后，你肯定会被吓到。狡猾的伪造者运用的高超仿真术让检验假钞的专业人士用放大镜都无法分辨真伪。餐厅服务生会用带截取功能的刷卡机为你进行信用卡付费。之后，卡面磁条上的信息都会存储在刷卡机上，并被以 20 美元的价格卖出。

犯罪分子能在网络上购买被盗信用卡的卡号。他们也能愚弄银行，让他们把你所有的钱都弄进你的存款账户，于是从 ATM 提现则更是小菜一碟。"网络钓鱼"，即通过网络诈骗的方式获取金钱的手段。此类犯罪的数量正以每年 4 000% 的速度增长。

还有那些尼日利亚诈骗大师。他们声称保证能让人们暴富，然后卷走这些人一生的积蓄。一些受害者甚至会再次上当：即便曾失去大部分储蓄，他们还是会再一次掉进这个陷阱。这些尼日利亚骗子将成箱的假冒国库支票印制并运至美国。因为尼日利亚政府经常涉及同谋案件，特勤局关闭了骗子们在当时的首都拉各斯的办公室。

有的朝鲜人用几乎可以和美国国家雕刻印刷局媲美的高压刻模伪造美元。其他用胶版、平版印刷或数码冲印制作的假币相比之下就粗糙得多。在流通的每一万张纸币中就有一张是假钞，其中大部分是百元纸币。因为美元假币泛滥，许多亚洲国家的银行和货币兑换机构拒绝接受美元。

盗用信用卡的现象如此猖獗，已经到达了"你已经让步了，但他们只不过是还没有用到你的账户而已"的地步。犯罪调查处的汤姆·拉塞尔安慰说："我们曾考虑过在信用卡上增加全息影像以增加安全度。"然后他拿出一张照片，上面有几十张印着全息影像的信用卡正被甩卖。

犯罪调查科的研究有时候会得到奇怪的结果。1986年，帕特里克·苏利文和同事们从一位线人处得知，科伦坡黑手党家族的头目小格利高里·斯卡帕涉嫌伪造信用卡。苏利文随后逮捕了他。在开往特勤局纽约办事处的路上，斯卡帕要求苏利文停车。

"我们停了下来，他说他是FBI最高层的黑手党线人。"苏利文回忆道。那时苏利文是特勤局在司法部有组织罪案调查科驻布鲁克林区的代表。他知道斯卡帕是重案组的重点打击对象。

"我被吓坏了。"苏利文说。

根据后来法庭档案中的记载，斯卡帕透露了在过去的20年中，他背叛了组织并向FBI提供了关于已执行的和计划中的谋杀行动。更重要的，在FBI的命令下，斯卡帕成功胁迫一名三K党成员说出了1994年被谋杀的三名执法人员于密西西比州的尸体掩埋地点。

特勤局的刑事罪案领域行动举足轻重。除了围剿假币以外，FBI也对同样的犯罪进行调查。双方都希望能在调查中拔得头筹。然而特勤局在保护任务激增的情况下仍然在追寻更多的控制权。

从早先起，特勤局的精神宗旨就是"排除万难，勇夺胜利"。这虽然是种值得敬仰的原则，但在资源匮乏的状况下仍然大量揽活的做法不值得称道。特勤局没有选择有远见的行动，倒是要求更多必要的开支预算或放弃一些领域的控制权，而且硬着头皮上，盲目乐观地打气说："我们要的不多，办事儿还事半功倍。"

据现任和前任特工的叙述，在成为国土安全部的一部分后，特勤局的开支被大量削减。造成的结果是，对于总统，副总统和总统候选人的保护也随之缩水了。

"为节省开支，他们大大削减贴身保镖人数，但是往往把特工们分配在可能被逮捕的处境中，"一位特工说，"特勤服务需要两倍的人手，或者减少一半任务。现在的任务让人根本无法分清孰轻孰重。"

一些工作标准上的妥协退让是由意义寥寥的调任政策造成的人员流失率导致的。由于众多特工在退休前离职，经验不足的特工还要执行任务。仅在副总统的贴身保镖中，就有一些被借调来的反突袭小组成员负责近身保护工作。

"确实我们的人员正在流失，现在我们需要向其他部门借人才能保证日常工作的正常进行，"一名贴身保镖组的主要成员指出，"我从未见过别的部门这样求助过。"

更令人咋舌的是，负责保护总统候选人和在总统和副总统之下的其他职位工作人员的反突袭小组成员人数，近几年也从必备的五六名，减少至两名。

"反突袭小组成员进行的是 5～6 人一组协调合作的培训，"一位曾经是小组成员的现任特工说，"根据袭击的方向，每个人都负责一个具体的区域。一个两人的小组对攻击做出反应，两个人根据对方火力反击，既要抑制对方的火力，又要有人负责进攻，摧毁敌人。剩下的两个人，或者一个人（如果只有五个组员的话），就在后方埋伏，并协助推进进攻的部分。"

"一个两人小组不可能完成这些任务。首先要向贴身保镖进行详细的汇报，包含袭击者的人数，双方的伤亡及敌人被捕情况，并申请组长指示下一步行动的指令。"这位特工说。

威廉·阿尔布兰切特，反突袭小组的创始人，担任过 4 年小组负责人。他对特勤局为缩减开支现在把小组裁减到两人感到不可思议。

"小组成员都是接受过严密训练且异常积极的特工，"阿尔布兰切特说，"所有成员都是自愿参加的。在通过令人疲倦的选拔后，符合要求的会根据工作需要被组长亲手分配到不同场合。反突袭小组本身就是一个互相协作的单位。"

负责新特工培训的阿尔布兰切特说，一个反突袭行动小组绝不能缩减到两人。他说："当袭击发生时，小组会迅速部署，先侧击然后直捣敌人核心，其他人会搏火并提供掩护 。一旦小组取得了火力优势，第二轮反击进攻会开始。"

如果这个小组缩减为两人，"那就不是一个小组了，"阿尔布兰切特说，"那就是两个端着冲锋枪的大兵。"

也有其他人表达了相似的观点，曾作为反突袭小组成员3年之久的雷吉纳尔·波说："小组一向都至少需要5名勇士。不然的话，反突袭的概念就行不通了。"

2004年至2005年，当布什的女儿芭芭拉·布什在非洲时，反突袭小组的一位主要领导和协助小组负责人向当时的反突袭小组助理执行管理特工联名写了一封信。信上表达了对反突袭小组被砍至两个人的担忧。

"助理执行管理特工回复说两人小组不会出现任何问题。他们说不管是全体五名队员还是只有两名，我们都应该做好本职工作。"一位参与了这次行程的特工说。

除削减反突袭小组人手外，特勤局也因被纳入国土安全部减少了对联大会议的保护。 当大会进行时，所有待命特工都要负责保护130多名各国首脑和陪同他们来到纽约的63名配偶。高层官员会接受全方位保护，包括反突袭小组和反狙击小组的保护。

但是普通官员接受的是"点保护"，只有一名贴身保镖负责人和两名轮班12小时的特工。在很多时候，特工们都是刚保护完总统或副总统，或者从他们的反突袭小组结束了任务后被调配过来纽约的。在这段时间，除了他的近亲有严重的疾病或去世，特工们都不能休年假。

在特勤局被纳入国土安全部之前，普通官员能获得的是联邦烟酒枪支管理局和海关边境保护局工作人员的协助；或者请美国联邦法警局作贴身工作的必要补充。

"'点保护'不过是装饰性的玩笑，这就像是完成的士服务任务，"一位负责在联合国大会上保护高官的贴身保镖说，"任何对被保护人的袭击都极有可能成功。"

在特勤局缩减反突袭小组和联合国大会安保人数的同时，在职培训，体能训练、健康状况和武器培训考核都被砍掉了。

"每 6 周，我们应该有两周的巡回培训时间，"一名特工说，"应该有整整两周的时间用来进行射击训练。这些可是负责保证总统和副总统安全的人。我已经工作 19 个月了，我只去过一次特勤局培训基地贝尔茨维尔。结果我被告知有一项任务，要陪同副总统的孙子。"

"大多数执法机构要求员工每年保证 40 ～ 120 小时的在岗培训，"一位贴身保镖小组的高层说，"可是你知道我在过去的两年中接受了多少小时防卫培训吗？零小时。法律条文回顾、会谈技巧、调查趋势、情报搜集和先遣工作课程，全都没有。就连应对埋伏、紧急医疗救治和突发情况车辆调配常规培训都没有。"

"培训几乎已经不复存在了，而且它的影响也逐渐显现出来。"这位特工说，他目睹了一次车队受到伏击的训练场景。值班组长本应该指出袭击的来源，根据这个，特工们才能部署反击。

"我们看到的就是完全的尴尬境地，人们不知道该去哪，该做什么，也不知道袭击的来源，只是围着圈到处跑，"这位特工说，"如果这是一场真实的伏击，他们会在几秒钟之内被杀得片甲不留。我们会失去所有人，包括被保护者。"

根据特勤局规定，"我们应该每周有 3 小时锻炼时间，"另一位特工说，"但是现在看来不可能发生了。"

特勤局规定每位驻扎在华盛顿的特工每个月接受一次使用手枪考核，每三个月一次长枪考核。但是与过去几年的经验截然不同的是，现在很多特工每半年或者一年才会被考核一次长枪的使用。

"我曾经和一些特勤局负责人就培训事宜谈过几次，他们说因应付业务需求无法接受培训。"2004 年退休的特勤局副局长丹尼·斯普利格说。但在早年间他曾说过："我们永远都不会牺牲培训。"

一些离开特勤局转投其他执法机构门下的特工说，那些部门提供的武器培训和反恐战术培训远远比特勤局的先进得多。

"他们是真的鼓励培训，而不是为不组织培训找借口。"一位特工说。

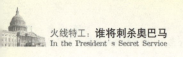

和 FBI 不同，特勤局并不鼓励外部培训。

"如果你想考一个硕士或博士学位，那是你自己的事，他们不会以你的时间表为准，"一位特勤局特工说，"而 FBI 会给你放假。"如果所受的教育同这位特工的工作领域相关，FBI 还会替他付学费。"特勤局的管理层认为特工不需要知道那些。他们只要闭嘴做好工作就够了。"

特勤局的管理宽松到什么地步呢？他们会把可能影响升职的评价表或者身体状况表直接交给特工，让他们自己填写。据特工们说，那些通过和大人物一起打高尔夫，和管理人员建立裙带关系的特工会获得好评。但是没有背景靠山的，"不管怎么样，你都只能拿到 50 分里的 46 分。"

"我们应该每个季度进行体检，但是我两三年没体检过了，"一位特工说，"到了体检的时候，你就进入到系统里给自己打分然后交上去。"事实上，这位特工说，"我就是一名体能训练导师。局里都不重视特工的身体状况，我又何必那么认真呢？交给我一张表格，这位特工写的是什么我就相信是什么。"

另一位特工说，估计 98% 的特工都自己填写体能状况表。"你填一张表格，交上去，有人会把它输入系统，他根本就不知道你做没做体检，"他说，"你是在自我检测。"

特工们说，这样做的结果就是，许多特工身材都走样了。

"有些人的身体状况，你看一眼就知道了，"一位特工说，"一位特工连一个仰卧起坐都做不了，因为他的肚子已经快和下巴一样高了。看看这些特工，你就知道标准降到什么地步了——海平面以下。"

"上周我们和一位特工一起执勤，我真的很震惊，"一位特工谈及一位临时被派驻的女特工说，"超重，身材变形，看起来很恶心。你看着这个人，会想，'如果我要和你一起去执行逮捕任务，你能做我的后盾吗？如果我受伤了，你能带上我逃出来吗？你能因为我在楼上和敌人对抗时而迅速爬上四层楼梯来支援？'恐怕不行。"

第 **21** 章

总统定位器
克林顿深陷桃色新闻

在白宫总部和特勤局，总统所处的位置随时会出现在电子控制箱上。总统在上面显示为 POTUS，美国总统（President of the United States）的首字母缩写。这个装置叫保护对象定位器，上面同样也显示了第一夫人（FLOTUS）、副总统（VPOTUS）、总统及副总统的孩子的位置。如果他们不在华盛顿，定位器会显示他们所在的城市。另外，白宫特警队会随时利用无线电更新总统夫妇在主楼的位置。

在克林顿入主白宫期间，"有个很有趣的现象，你会在无线电中听到希拉里去了某个地方，然后克林顿也去了那里，但是只要他去到那个地方，第一夫人就会离开那里。"一位前白宫特警队成员说。

和其他总统一样，克林顿见到他的粉丝就来精神。一天晚上，他在小石城参加高中聚会。特勤局封锁了他下榻的楼层，并对可能接触到他的酒店员工进行了背景调查。有两名女服务员恳请蒂姆西·高博尔特工让她们躲在大厅的另一头，只要在克林顿去坐车时能看他一眼就好。虽然克林顿已经迟到了，但当他看到两位女服务员向他挥手时，还是走过去和她们聊了几句。

"你能想象她们有多激动，"高博尔说，"自由世界的最高首领花了三分钟和她们聊天。她们对我感恩戴德。周围并没有媒体和镜头，所以克林顿并不是在作秀。"

克林顿不仅喜欢和人们见面，而且他有一种天赋，可以记住他见过的每个人。有一次在纽约美国劳工联合大会上的讲话结束之后，克林顿正在同人们握手。特工们注意到一个侍者看着他越走越近。

"克林顿也看到了他，而且叫出了他的名字，"当时在他身边的贴身保镖说，"总统边和他握手边询问他父亲的情况。这个侍者热泪盈眶，说他父亲去世了。克林顿表示同情，并回头对助手解释说他的父亲得了癌症。"

"一走进人群，总统们就好像在通过和人们握手给自己补充能量一样，"阿尔布兰切特说，"刚刚结束一天的行程，他们可能十分疲劳，但是当他们来到人群里就好像又充满了力量。这样的情景我看到过很多次，但是克林顿是最典型的。和群众在一起时，他会精力十足，就像充了电一样，能够继续前进。总统们都这样，但是克林顿受到民众的影响最大。"

克林顿喜欢跑步，这造成了很多潜在的安全问题。

"每天都有人在等他跑步，"克林顿首次执政时的特工小组副组长彼得·道林说，"这对他来说很好，但说实话，对我们来说那些都是不速之客。他们没经过安全检查；我们也不知道他们是谁。他们有时会给克林顿递水，我们因此真的很忧心。如果总统每天都在大马路上跑步，而且周期相同，这会令恐怖分子有机可乘。他们可能会观察他的行动，可能在路边的垃圾桶里设置炸弹。但是如果他在那天没有跑步呢？他们会把炸弹拿走然后改天重置。这种危险对我们来说前所未有。"

特勤局同克林顿讨论了他们的担忧，但是他还是坚持跑步。这种情况直到 1997 年 3 月 14 日才停止，当天清晨，他在高尔夫职业选手格雷格·诺曼佛罗里达州家中的楼梯上摔了下来。特勤局联合行动中心把还在睡梦中的诺姆·贾维斯叫醒，命令他立刻去位于马里兰州贝塞斯达的国家海军医疗中心，总统需要在那里接受手术，重接他右膝撕裂的肌腱。

那天早晨，从安德鲁斯空军基地出发的克林顿车队到达了这里。手术期间，贾维斯安排了一位特工在手术室里。

"我不知道这些医生有没有意识到我们的防护服下藏着枪，但是那些锋利的手术刀离总统太近了，即便是最值得信赖的军医，我们也必须保证特工在突发状况下有对策。"贾维斯说。

克林顿的私人医生 E. 康妮·马里亚诺海军上将监督了这次手术，但当贾维斯看到十几名医生排列整齐地站在手术室里，等着上前为总统的膝部重新做自己的那部分工作时，也吓了一跳。

"每个人都握着探针，解剖刀，或别的什么手术工具，等着轮到他们去拨开、切开，哪怕只是去看一眼，这样他们就可以称他们为美国总统做过手术，"贾维斯说，"等麻醉一完成，第一位医生就做了切口，下一个找到了肌腱，第三位把肌腱上残余的部分切掉，第四位清洁并找出了膝盖骨。就这样医生一个接着一个地上来，几个小时后才结束。"

类似的情况贾维斯见过许多次，虽然形式不尽相同——对大多数人来说，任何同总统的联系都会是他们人生的亮点。

克林顿可不希望乘救护车回到白宫，但特勤局的车辆没办法在他坐着轮椅的情况下运送他。而贾维斯认识莎拉·布莱迪——里根的新闻秘书詹姆斯·布莱迪的妻子，所以他向特勤局申请借用她丈夫的可运送轮椅的货车。

克林顿面临着8周的拐杖生活和几个月的物理治疗。他要佩戴可调式的腿支架以防止手术后的膝部移动。这次事件之后，克林顿再也不跑步了，而是改用健身器材。

与此同时，特勤局也开始适应克林顿模式。

"有时候克林顿总统看到一小群观众簇拥在我们设定的安全边界外，只是为了能看一眼总统，他就会走过去和他们握手，"贾维斯说，"当然，这已经很让我们分心了，因为我们不希望他接近没接受过检查的人群。我们不知道人群里会不会有一个拿着手枪的辛克利或者布雷默。这类人通常会在那个区域游荡，因为他们没办法进入会场。"

事实上，这个时候，贾维斯面临这样的情况：克林顿钻进了一堆没有经过安全检查的人里。

"我就在人群的前面，"贾维斯说，"当处于人群中时，会有一位特工为总统引路，接着是总统，然后是两名跟在总统身后的特工，周围还有其他人。"

贾维斯发现了一个把手放在外套里的女人。

在一个活动进行的过程中，"特工会随着总统的移动形成一个编队，一旦看到异常情况，你需要马上通过无线电报告给组长，"贾维斯说，"你可能一直都很安静，没有什么需要报告的，但如果你和总统在一起，并且正说着什么，那就意味着有事情发生。你需要揣摩那个引起你注意的人，并迅速决定你的行动或你们小组应该怎样行动。"

这一次，"很奇怪地，每个人都在看着总统，鼓掌，欢呼，微笑，"贾维斯说，"她正朝下看而且表情迷茫。这时总统离我们有两臂远。我告诉组长我发现了问题，接着我抓住了这个女人。那个时候我真的没有时间仔细揣摩她。"

贾维斯抱住了那个女人，其余的特工保护着总统离开。

"她很惊异，但是我不能让她的手从外套里伸出来，"贾维斯说，"直到附近的保护小组赶来，我才放开她。"

这个小组询问了这个女人后，很快认定她的精神状况不正常。

"她的外套下并没有武器，但是你能从这类人的反应中确定他们精神不太正常，"贾维斯记录道，"当他们和众人的反应不一致时，你就会注意到他们，然后你就知道你在普通人中间发现了一个异类。"

当然，贾维斯说："没有多少人愿意让一个特工抱着他们，并让他们保持原地不动，远离人群。但是在面对可能发生的悲剧时，你只有几秒钟的时间去选择正确的反应方式。"

"我们曾经遇到过一个年轻的小伙子，他是个绝对的'人来疯'，待在人群里就异常兴奋，"道林说，"我们不会对他说，'先生，你必须改变，这样的行为不恰当。'我们真的需要重新定义我们的工作方式了。"

道林认为，如果特勤局先遣队预先知道克林顿会钻进人群里，他们就可以先做好准备。"这样一来，在这里的人会伤害到他的可能性就降低了。"道林后来担任了华盛顿地区的办事处负责人。同时，道林说，特勤局同克林顿可能到达的地方的工作人员联系，这样特工可以提前到那里侦查。

1995 年 2 月 26 日，那是一个周日。清晨，道林在《美国大观杂志》的"人性大观"上看到一条资讯，突然意识到自己遇到了麻烦。这条信息对"来自华盛顿的报道称，克林顿还是一个无可救药的花花公子"的可信度提出了质疑。

《美国大观杂志》回答："如果有任何关于总统是个花花公子的证据，那么它现在一定在各大媒体出现了。时过境迁，现在的白宫新闻处不会再像对待肯尼迪一样，为了保护总统的隐私而无视他的'课外活动'了。"

对特勤局来说更不祥的是，这条信息继续说："知情者说，克林顿的桃色新闻可以追溯到特勤局，他们和第一夫人有矛盾。据报道，她发现一些特工太喜欢打听，所以总是离他们很远。一位特工最近透露了一个故事，1996 年，克林顿夫人对她丈夫拈花惹草的行为实在忍无可忍，警告说她会同他离婚。没有人相信这个奇异的故事，但不幸的是它已经在传开了。"

道林，克林顿贴身保镖小组的特别助理特工，刚好那个周日值班。克林顿一家要去教堂，总统对杂志上的消息只字未提。但是，两小时后，道林回到自己位于艾森豪威尔大楼 62 号房间的办公室时，电话响了。

"道林先生，总统要和您说话。"接线生说。

"你看了今天早晨的《美国大观杂志》了吗？"克林顿问。

"是的，总统先生，我看了，"道林回答，"我对我看到的感到很抱歉。"

"这种事情太常见了，传说特勤局说过这些。"克林顿说。

"总统先生，这是有史以来第一次。我们是绝对能保证受保护家庭的隐私的，我们必须维护这项荣誉，"道林说，"但是让我们先想一想，您觉得如果是我们要散布消息，我们会说这么荒谬的事吗？说您的妻子和您背道而驰？"

"你说得对。"克林顿说。

事实上，很多故事都不是真的。希拉里从没向克林顿扔过台灯，特勤局没有发现任何她是同性恋的迹象，比尔也从没有离开白宫去万豪大酒店见她所谓的女朋友。但是，1998 年 8 月 17 日，比尔·克林顿确实在白宫的地图资料室通过国家电视向全国观众就他同莫妮卡·莱温斯基的关系致歉。"我确实同莱温斯基小姐有不当关系。事实上，那是一个错误。"克林顿说。

第二天，克林顿乘"空军一号"去了玛莎葡萄园岛。

"在他向全国承认了他同莫妮卡·莱温斯基的婚外情后，我就跟他到了玛莎葡萄园岛。"阿尔布兰切特说。当时阿尔布兰切特正在操控指挥台，希拉里给他打了个电话问："他在哪？"

"夫人，总统现在在城里。他应该刚进了一家星巴克。"阿尔布兰切特说。

"证实一下。"希拉里命令道，阿尔布兰切特照做了。然后，希拉里命令他告诉总统"马上回家，现在就动身"。

阿尔布兰切特向贴身保镖传达了这个消息。

"噢，老天！克林顿喜欢和人交际，喜欢打高尔夫，但是她对这些都不感兴趣，"阿尔布兰切特说，"克林顿就只能一直待在玛莎葡萄园岛的房子里。这是对他的惩罚，他就好像被固定了一样。"

在公众面前，希拉里会面带微笑且举止优雅。只要镜头一离开她，她易怒的性格马上彰显出来。在希拉里竞选参议院议员时，她把外出就餐和同当地人一起打发时间作为她的"倾听之旅"的一部分。

"所有场合都在舞台上，所有的问题都会被直播，"希拉里的一位贴身保镖说，"她会在晚餐时停止。竞选团队提前3天到，他们告诉主人并让他邀请所有的人并带上他们朋友。希拉里认为她的竞选团队没有提前吸引到足够的人气，然后就冲他们大发脾气。她真的是个性格火爆的人。"

众所周知，代号为"常青树"（Evergreen）的希拉里正式加入了执法机构，但她还是不喜欢警察接近她。

"她不希望看到警察，"一位前特工说，"你该怎么向警察解释这种情况呢？她不想让特工近距离保护她。她希望州立骑警和地方警察穿好正装，坐在没有记号的车里。可一旦出现状况，麻烦就大了。如果警察不穿制服，不开警车，人们就不知道这个区域有警察。如果群众没有意识到警察的存在，他们就更容易失控。"

在锡拉丘兹，当希拉里在酒店外散步时，一个大胡子男人激动地和她搭讪，因为他想要个签名。

"他抓住她，"一位特工说。"她脸色变得灰白。但她还是坚持不让我们在她附近出现。"

希拉里的竞选团队计划去纽约州北部农村的一家4-H俱乐部。当他们来到这个户外活动场，希拉里看到人们穿着牛仔裤，身边围绕着奶牛，她的火爆脾气又上来了。

"她转身对工作人员说，'我们到这来干什么？这里又没有钱！'"一位特勤局特工回忆道。

和希拉里不同，离开白宫后，比尔·克林顿对特工们"十分友好，"一位特工说，"我想他可能意识到在他离职后，我们就是他的一切了，所以他真的对我们不错。"

直到1997年，前总统们都可以受到特勤局的终身保护，他们的配偶也一样，除非他们离婚。但就在1997年，国会通过了一项法案，将前总统受保护的时间缩短为离职后的10年。比尔·克林顿将是第一位10年后失去受保护权的总统。前总统的孩子受保护直到年满16岁。2008年9月，国会通过了延长对副总统家庭保护时间的法案，规定副总统及配偶和他们未满16岁的孩子将接受保护直到离职后的6个月。

在克林顿离职后，"他到任何地方都会和人握手。他会特意地去和一个

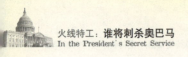

工人握手，"克林顿小组的一位前贴身保镖说，"在 15 英尺外的柏油路上，你会看到他走向一架刨子和旁边的工人握手。或者他会穿过酒店的餐厅到后厨和人们握手、拍照。"

克林顿的办公室在哈莱姆区。在这里，街上的一位妇女对特工说："亲爱的，你可以歇歇了。我们不会让那个人出任何事的。"

第22章

关闭探测器
华莱士血溅竞选现场

STATE OF THE UNION

参议员约翰·克里竞选总统时，他们打算在火车站附近举行一场活动。可是，当活动就要开始时，还有一千多人没有经过安全检查。

"怎么办？"克里的一个助理问，"还有一千多人等待着通过探测器。"

"对，"一位特工回答道，"这都是为了保证安全。他们通过了检测就能入场了。"

"可是，克里5分钟之内就到了，他们不可能全部结束检查。"那位助理说。

根据一个特工的说法，一位特勤局警督后来让那些还没有通过安检的人全部入场了。

"在其他地点，这样的情况发生过很多次，"这位特工说，"他们怎么能作这样的决定呢？特工们为了保证候选人的安全竭尽所能，然后一个警督过来就把这一切都破坏了。"

有一次，小布什总统出访一个东欧国家，"当地警察设置好了所有安检站，用探测器对人们进行彻底的检查，"一位随行的特工回忆道，"总统工作人员的负责人发现安检站人满为患，而一些人可能赶不上听布什的演讲了，他开始要求安检员快点放人入场，而一名白宫特警队的中尉说，他们需要完成任务，这位白宫员工马上就火了，威胁这位警官说他会把这件事报告给小布什贴身特工队的上司。但当局立场坚定没有屈服。"

在其他情况下，特勤局可能会迫于白宫或候选人的压力而停止安检。在同意停止安检之前，特勤局需要保证提出此要求的白宫员工没有危险。同样地，白宫也会相信特勤局。

助理们愿意相信特勤局是全能的，因为这满足了他们的政治目的。他们可不想去骚扰流浪汉。但是如果一个观众未经过探测器的检查，进场后向总统或候选人开了枪或者丢了一颗手榴弹，那么特勤局将难辞其咎，这会完全归罪于他们的粗心大意。确实，亚瑟·布雷默确实可以向阿拉巴马州州长乔治·华莱士开枪，他是唯一一位在特勤局的保护下遭到枪击的总统候选人。根本原因在于特勤局没有使用探测器。

和保护总统相比，国会在总统候选人的保护上总是行动迟缓。直到1968年6月5日，刚刚在加州总统预选中获得胜利的民主党候选人罗伯特·F.肯尼迪被暗杀后，特勤局的保护才开始向总统候选人敞开。根据法律，1972年5月15日，当华莱士在马里兰州月桂市的商场停车场向两千民众演讲时，特工开始在他的身边保护他。那天天气晴朗，稍微有些热，所以华莱士决定脱下他笨重的防弹背心。

"人群在欢呼，所有的人都在热情地回应他，"当时华莱士的贴身保镖小组的威廉·布林回忆道，"他有一种给人群充电的能力。总结了他的演讲之后，他本应该离开主席台然后直接上车，中间没有任何停顿。他开始离场，由我引领他离开，我准备直接带他上车。在他马上就要到达车队的时候，我们掉队了。"

"我肯定会投你一票的！"皮姆利科赛马场的马童克莱德·梅里曼告诉华莱士。

就在这时，亚瑟·布雷默从观众席的第二排跳出来，大喊："州长，我在这！看这里！"

"他（华莱士）径直走向布雷默，这时保护圈的形态自然就改变了，"布林说，"布雷默冲过去向他开了枪。"

在那把.38口径手枪的第一颗子弹穿过了华莱士的腹部后，布雷默又打了五枪，只有一枪没有命中。

没有任何防弹保护的州长倒在了人行道上，他的蓝衬衫上血迹斑斑。他的妻子科妮莉亚冲了过去，呼喊着用自己的手支撑着丈夫的头，她的米黄色套装上到处都是血。

"贴身特工小组的负责人吉米·泰勒和我最先朝华莱士冲过去，把他放倒在地。"布林说。

"州长，我是比尔，您刚刚被枪击了。放心，一切都会好的。"布林向他耳语道。

特勤局特工和阿拉巴马州军警向布雷默扑了过去。除了华莱士，布雷默还打伤了州立军警 E.C. 多桑德、特工尼古拉斯·扎沃斯和华莱士竞选团队的志愿者朵拉·汤普逊。虽然华莱士的性命保住了，但他却因为瘫痪而退出了竞选。

和大多数暗杀者一样，布雷默坚持写日记，他会草草记下认为自己有多么可悲和不重要的想法。同样地，布雷默也会和大多数暗杀者一样跟踪受害者。在袭击华莱士之前，布雷默还跟踪过理查德·尼克松和其他重要人物。就在枪击华莱士的前一天，布雷默驱车来到密歇根州喀拉马索的一个兵工厂，在车里守候了一天，因为华莱士将会在那里进行演讲。一个店主报了警，布雷默因为形迹可疑被抓了起来。接受询问时，他告诉警察自己在等着听华莱士的演讲，警察很满意，没有搜查武器就放了他。

同之前的暗杀事件一样，特勤局在这场事故中吸取了教训。在那之前，随行特勤人员中是没有紧急医疗小组的。当时布林情急之下想起了口袋里的香烟，他试着用香烟的玻璃纸为华莱士胸部的伤口止血。现在特勤局会向总统或其他保护对象所处区域的医院提前打好招呼。至少富兰克林·德拉诺·罗斯福总统会有一位这样的军医随他出行，并且在白宫也设置了医疗设施。

"现在如果发生了什么状况，等我们到达医院时会有一个完备的医疗小组候命，"布林说，"1972 年的情况已经不会再出现了。那时候吉米·泰勒和我不得不面对一场对特工来说最大的灾难——看着保护对象受伤或被杀。这是你的工作，你本该好好保护他的，但是这样的事情还是发生了。虽然很少，但确实发生了。特工们对此会感到十分惊恐，而且很长时间都活在阴影之中。"

虽然特工们希望用检测器对所有观众进行安全检查，但是以华莱士为代表的候选人并不同意这种做法。他们认为这种安检措施毫无必要，并使观众感到不舒服，他们很有可能因此不来现场。在枪击里根事件发生后，特勤局开始运用检测器进行常规的武器检查。让没有经过安检的观众进入会场变成了绝对不可能的事。但是近几年，由于受到来自政治家们助手的压力，特勤局不得不在某些时候做出妥协。

只有一个类似的事件被公之于众。媒体收到了一些来自在职或已退休的执法机关工作人员的投诉信。信上说，2008 年 2 月 20 日，总统候选人巴拉克·奥巴马在达拉斯的留尼球馆的集会开始前一小时，特勤局停止了安全检查。

据《沃斯堡明星电讯报》报道，负责调查 1995 年俄克拉何马州爆炸事件的前 FBI 特工丹尼·德芬鲍对安保人员突然停止安全检查提出了质疑。

"他们为什么要这么做呢？"德芬鲍问道，"1963 年，达拉斯，地球人都知道发生了什么，我想达拉斯不希望悲剧重演。"

"这种松懈的安保措施绝对是愚蠢的，尤其是在达拉斯。"加州伯克利的杰夫·亚当斯在给报社的电子邮件里说。他指的是四十多年前在这里发生的肯尼迪遇刺案。

特勤局驻华盛顿的发言人艾瑞克·查伦称，停止安检不会造成危险。

"那里的安全措施毫无漏洞，"查伦接受达拉斯报社的采访时说，"这次活动的安全计划无懈可击，我们和执法机关有紧密合作。"

但是特工说这样的过失会违背常理地、周期性地出现。总统候选人奥巴马贴身特工小组的一个特工说，当现场人群过多时，关闭安保探测器的情况"时有发生"。虽然未通过检查的人通常坐得离候选人很远，而且中间常常隔着一个缓冲区，"但他们还是有可能开枪，挤到前排或者投掷爆炸物。"这位特工说。

另外，还有特工说，在小布什总统、约翰·爱德华、约翰·克里等要员出席的一些活动中也曾经出现停止安检的情况。特工们把这种明显的安保漏洞归结为特勤局人手不足，无法对每个人进行检查。

一位奥巴马贴身特工小组的特工说："他们说能用较少的精力来应付安检，这是自鸣得意的说法。"

最重要的是，特勤局不仅削减了分配给候选人的反突袭小组的成员人数，从 5 ~ 6 名减少到 2 名；他们还延迟给他们派遣反突袭小组。接着，当候选人坚持不和反突袭小组同时出现在公众的视线中时，特工们接受了。

在 2008 年的大选中，"候选人的特工被告知要与所在的值班岗位保持一定的距离，"一位特工说，"通常，这意味着距受保护者一街区之远。"

当时反突袭小组的特工需要在杀伤地带之外，且保证受保护者在视线之内。

"一场袭击，从开始到结束，有时不过 10 ～ 20 秒，"一位现任特工说，"在一街区以外，你不可能意识到危险，不知道受保护者的位置，无法参与到袭击当中，也不能执行总指挥的命令。"

在一个体育馆或礼堂内，反突袭小组会被安排在受保护者离开讲台的途中。这样，观众无法看到他们，而受保护者也对他们的在场没有异议。但是当反突袭小组在外面驻扎时，他们的存在就"完全没有意义"了，一位前反突袭小组成员说，"那根本就是粉饰太平。战术部署还没完成，袭击就结束了。"

在特勤局加入国土安全部前，特勤局用最简捷经济的方式做事，并常常需要为了资金同其他国立安全机构竞争，这使特勤局的标准下降了。布什在任期间，曾周期性地要求特勤局暂停对白宫的探测器安检，这无疑助长了放纵的态度。国土安全部秘书迈克尔·切尔托夫曾以个人方式造成了特勤局标准的降低。

2008 年 10 月，移民及海关执法局联合国土安全部向詹姆斯·D. 李德收取 2.288 万美元罚款，原因据说是他的马里兰州清洁公司为切尔托夫的房子和其他的华盛顿住宅工作时，雇佣非法移民。表面上看来，这种说法并不成立。因为负责保护切尔托夫的特工应该会对每一个进入国土安全部秘书府邸的人进行包括国籍在内的背景调查。《华盛顿邮报》于 2008 年 12 月 11 日刊登了一篇报道，指出了这次违例。作为回应，特勤局发言人称，保护切尔托夫的特工会"进行合理核查，安检并适当地陪同他们，以保证府邸和受保护人的双重安全"。

但是一位临时在切尔托夫的贴身特工小组服务的特工说，在开始对工人进行常规检查时，秘书夫人梅丽尔·J. 切尔托夫——乔治城大学法学院的助理教授，近几年以"给工人'找麻烦'"为名向特工提出警告"。

特工接受了切尔托夫夫人的"建议"，结果"一度没有进行背景核查"。偶尔进行检查时，"很明显地，工人给特勤局提供了伪造的身份资料，但是（特工）出于对切尔托夫夫人的畏惧，也就让他们都通过了，"这位特工说，"我们也很少监督工人，因为这也会令她生气。"

"切尔托夫夫人会因为特工对进入府邸的工人进行背景检查而贬低特工，虽然那是他们分内的工作。"另一名特工证实道。

当问到国土安全部发言人威廉·R.克诺克的意见时，他说："这些都是耸人听闻且毫无根据的臆想，我无可奉告。"

克诺克提到他之前在《华盛顿邮报》的观点：每一个承包商都有责任保证他雇用的工人是合法的。

"作为顾客，切尔托夫们有权得到李德先生的保证，也就是说李德先生必须保证他所派遣到家里来的任何员工都取得了在美国的合法工作权，"克诺克说，"只要顾客发现了李德先生欺骗他们而雇用了非法工人，就应该立刻解雇了他。"

令人震惊的是，特勤局允许自己无视移民局的法律，同时命令特工们也忽略这种违法行为。但是，当总统、副总统和总统候选人处于危险时，仍然选择放弃安检，这种行为更让人无法接受。

在加入国家安全局前，一个退休前在此工作的特工说，他们从来没有听说过取消安检这回事。当听到这种说法时，他们坚持说特勤局绝对不可能做这样的事情。

"当一个活动快要开始时，工作人员有时会提议停止安检，"于2001年退休的前特工威廉·阿尔布瑞克特说，"我不认识任何做过这种事情的特工。这不是我们应该做的，我们不管这个人在媒体或人群中看起来是怎样的，这不是我们关心的事。我们关心的是这个人的安全！"

"任何时候你都会面临来自政界工作人员的压力，但你不应该停止安全检查。"诺姆·贾维斯说。他曾是比尔·克林顿的贴身保镖，新特工的教练，2005年以特别特工负责人的身份离开了特勤局。"特勤局里没有任何人允许工作人员损坏防护措施并停止安检而因此危害到总统的人身安全。"

"工作人员会要求加快或结束安全检查程序。"丹尼·斯普里格斯说。他曾是防卫处负责人，2004年以特勤局副局长的身份退休。"我从来没有同意过这种做法。"

第23章

开拓者
搞怪天才小布什

2001 年 9 月 11 日，特工们冲进佛罗里达州萨拉索塔的一间教室，护送小布什总统登上了"空军一号"。当时，他正在教室里给孩子们读书。

通常，会有一架波音 747 飞机护送"空军一号"飞行，当总统专机落地时，它会停在附近——这就是有名的"末日飞机"。这架飞机上装载了超敏感通讯装置和军用硬件，在遇到类似核战争的危机时，它就是一个移动司令部。"9·11"事件发生后，人们原计划将布什转移到"末日飞机"上——但这个建议被否决了——因为仅仅他踏入飞机的情景就会引起巨大的恐慌。

"我和他谈过不返回华盛顿的事情，"时任特勤局局长的布莱恩·斯塔夫特回忆道，"刚开始他很愉快。后来我再谈时他就变卦了。那时，我们还掌握着制空权。尽管没有得到所有问题的回复，在他返回之后，我们比早先还是感到安心多了。"

到达安德鲁斯空军基地后，布什登上"海军一号"直升机回到了白宫。

特工们把劳拉·布什从国会大厦带到了特勤局总部的地下室。在全民戒备的状态下，特勤局和军方通力合作以保证政府的持续运作并保护好可能的继任总统人选。在这种情形下，总统继任人不仅像国务卿一样受到了国务院的保护，而且他们还和白宫发言人或参议员临时议长一样，都有一个特勤代号。比如，在劳工部部长赵小兰（美籍华人，当选并连任美国劳工部部长）对自己的代号"消防栓"（Fireplug）表示不满后，她的代号变成了"火鸟"（Firebird）。

袭击发生时，随同劳拉的只有 2 辆车和 4 名特工。送她回总部之前，特工请求加派车辆和支援。"9·11"事件之后，劳拉的随行队伍扩大到了之前的两倍。

晚上 6 点 45 分，布什进入白宫。当时，白宫已被手持机关枪的黑衣特工围得水泄不通。劳拉在应急中心——深藏在地下的几个房间中见到了他。当晚，他们到二楼的卧室休息。晚上 11 点 30 分，一名特工气喘吁吁地叫醒了他们。

"总统阁下！总统阁下！"他喊到，"有一架不明飞行物正朝白宫飞来！"

一位特工助理指出应急中心有张折叠床，于是，穿着浴袍的布什夫妇返回了他们的"防空洞"。后来有消息称，那架航班并无恶意。

"布什不得不扶她下楼，"南茜·威斯，布什夫妇的一位密友说，"她不戴隐形眼镜连卫生间都找不到。她的视力特别差，必须得戴硬性隐形眼镜，因为它的矫正能力更好。"

"9·11"发生的一个多月前，布什正在出访中国。劳拉和她的好友黛比·弗朗西斯在克劳福特农场，保护小组向她报告了一起可能发生的袭击。

"为了紧急转移的需要，他们要求我从客房搬到主房，我住在他一个女儿的房间里。有一天，他们要我们别开灯，所以我们拉上所有房间的窗帘，只点了几只蜡烛。整个过程中，劳拉一直都非常冷静。"弗朗西斯说。

在布什外出白宫之前，特勤局都要做相当多的准备。因此，布什宁愿不要外出就餐。一次，他对劳拉说，他吃东西时不喜欢被人盯着。劳拉大笑着说："或许，当初你就不该竞选总统。"

和她的丈夫相反，劳拉经常溜出白宫和朋友在外面用餐。她是 Deluxe 咖啡厅、佐拉餐厅和老艾比特烧烤的常客。负责保护她的特工就坐在附近的餐桌。

私人用餐（比如一份羊排）或者私人派对的消费由总统自行支付；官方活动经费则由白宫或国务院报销；而执政党会为圣诞活动和圣诞卡埋单。总共会有大约 1.2 万人参加白宫圣诞活动。在最近的一次圣诞派对上，布什夫妇的客人消耗了 1 000 磅虾，320 加仑蛋奶酒，1 万只玉米面包卷和 700 个蛋糕，还不包括那座重达 300 磅，涂满白巧克力且仅供观赏的白宫姜饼屋。

为媒体准备的自助餐包括烤羊排、肉酱炸鸡排、果木熏三文鱼、鸡尾酒虾、马里兰蟹饼，波旁釉弗吉尼亚火腿、干酪意粉和烧烤青椒松露洋葱配墨西哥玉米卷，更别提涂满巧克力糖霜的巧克力蛋糕、巧克力糖果、脆皮苹果樱桃馅饼，还有数不清的林地动物状撒糖曲奇饼。

白宫每年的真正支出人们不得而知。总统的年薪是 45 万美元，外加 5 万的消费补助和 10 万美元旅行补助。白宫和总统行政办公室的年收入是 2.02 亿美元，但真正花销数目远远不止这些——总共大概超过 10 亿美元，但是真正的数字甚至连国会和审计总署的人员都不得而知，因为还有许多其他部门和工作人员在协助白宫的正常运转。

"白宫的总支出没有任何记载，"曾任白宫审计总署主任 12 年的小约翰·克洛宁说，"海军负责各种杂务和戴维营；陆军提供车辆和司机；国防部提供通讯设备；空军提供飞机；海军陆战队则提供直升机。国务院为国家职能埋单；国家公园管理局保证地面安全；特勤局提供贴身保护；美国总务署负责东西翼和旧行政办公楼的日常维护和供暖。"

通常媒体会传递这样的信息：布什是迪克·切尼的傀儡，又或者他十分固执不听任何劝告。事实上，他经常自己做决定；而且，如果助手因为胆小而不敢提出反对意见，他会让他们走开。据前总管安迪·卡德回忆：2003 年的感恩节，是布什自己突然决定到巴格达看望驻军的。卡德说，布什最先想知道的就是特勤局是否能够确保此次行动的安全性。在一个多月之前，卡德就开始和特勤局局长马克·苏利文以及其他特勤局官员一起策划行程。随后，白宫向国防部通知此项计划。

事实上，就像布什自嘲的，他经常不会说英语。一次，布什和他的密友科雷·约翰逊正待在总统办公室里。几天后，布什将在广播和电视记者招待晚宴上发表演说。

"老大（布什对约翰逊的称呼），我要作一个你听过的最搞笑的演讲！"布什说，"他们有一盘录像带，上面记录了我 2001 年竞选时搞笑的说辞。我都不相信一个总统候选人能说出那种话。"

布什背了几句。

"非洲是一个……"

"迪克·切尼和我不希望这个国家一直这么不景气。我们希望任何一个能找到工作的人都能找到工作。"

"家是我们的国家找到希望的地方，就像翅膀找到梦想一样。"

"知道我有阅读障碍的那个女人——我从未见过她。"

"我从没见过他笑得那么厉害。"约翰逊说。

布什很守时，这点特工们都很欣赏。

"布什比较务实，还非常关心他人，"一位特工说。布什夫妇经常给特工们准备食物，"他们总想着周围的人。"

但是，布什在面对媒体时却和平时判若两人，这让特工们非常惊讶。

"镜头前的他看起来很不舒服，"总统的一位贴身保镖说，"他听起来很不一样。和我们在一起时，他从不那么讲话。他特别搞笑，幽默感十足，而且喜欢开玩笑。他有双重性格。"

布什的代号是"开拓者"（Trailblazer），特工们很喜欢和他一起跑步或劈柴。为了跟上他的步伐，特勤局派来的贴身保镖都是些跑步健将。后来，因为膝盖问题，布什停止了跑步，开始骑单车——这是他在马里兰州的拉雷尔特勤培训机构经常进行的运动。

"布什觉得保护他的特工和贴身保镖一样都是大块头，"一位特工说，"他永远都是那么健壮。保镖们的体格对他更是个刺激，他们经常互相比赛。这很有趣。因为膝盖问题而放弃跑步开始骑车之后，布什的车子总是失控。他老是骑得太快，然后就出事故了。他经常会撞到小路尽头的路障上，整个人从车上飞了出去。然后他会爬起来，拍拍灰尘，马上跳上车再来一次。"

"骑车时每个人差不多都知道要让着他，"另一位特工说，"他总应该在前面。有次，兰斯·阿姆斯特朗来到农场，我也在现场。总统非要和兰斯·阿姆斯特朗比赛骑车，还想追上他。我想兰斯让他赢了。"

虽然特工们对布什的评价很高，但和布什夫人比起来，这似乎还不值一提。"几乎所有特工都对劳拉赞赏有加，"一位特工说，"我没听到过关于劳拉·布什的任何坏话，从来没有。每个人都很爱戴她，打心眼儿里尊敬她。"

有一位特工被安排在圣诞节保护布什一家人，永远记得代号为"节奏"（Tempo）的劳拉对他是多么关怀。劳拉和他聊了 30 分钟，并且对于圣诞节他不能和家人团聚十分抱歉。

"你在电视上看到的劳拉，就是她生活中的样子，"另一位特工说，"她总是面带微笑，还赞扬过我的母亲，我永远不会忘记这点。受邀参加白宫圣诞派对时，我妈妈专门研究了劳拉·布什穿的那种裙子，还试着买了条相似的。布什夫人走进来，在一名护卫通报过我妈妈的名字之后，劳拉亲切地叫了声她的姓氏，然后对我说，'天啊，您今晚看起来特别动人。'我妈妈为此高兴坏了。"

有一个例子，充分体现了劳拉对待生活的乐天方式。当特蕾莎·海茵茨·克里在 2004 年选举时说，"我从来不知道她（劳拉）是否有过一个真正的工作"时，劳拉付之一笑。后来海茵茨（竞选完之后她就去掉了克里这个姓）为此道歉时，劳拉对记者说，她没必要这样做。

"我知道这有多难，而且我也知道那只不过是些陷阱问题。"她说。

一晚，在泛绿阵营家庭晚宴的餐桌边，劳拉又展现了她的乐天性格。一个仆役长刚上了一道奶酪鸡肉辣玉米卷。劳拉的两个女儿，吉娜·布什和芭芭拉·布什对特蕾莎的论调很生气，吉娜的反应尤其强烈。

"妈妈，她在贬低每一个养育孩子的妇女，"吉娜说，"她说这不是一份真正的工作。事实根本不是这样，她不仅忘记了你对孩子的教育工作，而且还贬低了抚养孩子的重要性。"

这时，帕米拉·纳尔逊，劳拉在内陆高中时的好友从仆役长手中选了一个玉米卷。劳拉开始说，人们总是很容易就断章取义，颠倒黑白。

"你知道'尽管来吧'那句话，"劳拉说——她指的是布什 2003 年 7 月对于想要袭击美国军队的伊拉克武装分子的挑战，"那句话获得了那么多来自政界的反馈。人们可以把所有事情夸大 100 万倍后来对付你。"

"这应该是有史以来最卑劣的一次竞选了。"纳尔逊说，她指的就是 2004 年的总统大选。

"不，林肯竞选总统时，有人分发的诋毁他和他家人的传单才令人毛骨悚然呢，"劳拉说，"人们对发生在这里的所有事都充满怨言。"

第24章

压缩开支
表面风光的特勤局

特勤局会在国会面前骄傲地展示詹姆斯·J. 罗利培训中心。特勤局处理突发事件的能力，对付坏蛋和保护人身安全的壮举让他们叹为观止，但其实这些场景是被秘密彩排过的。

"本来，国会成员在培训专员陪同下巡视训练场时，"我们应该对演练场景进行抽签，一位在场的特工回忆道，"抽到车队演练时，就假设酒店起火了，或者外面发生了爆炸，我们要把副总统从酒店中转移出来。然后我们会带他离开车队或附近区域，转移到安全区域。"

就在国会成员来访的这天早晨，"一切都变了，"这位特工说，"所有东西都是准备好了的，一切都事先排练过，我们很纳闷，'我们不是要进行真正的实景训练吗，为什么要演练事先排练过的场景？'"

有人告诉这位特工，"因为国会成员要来参观了。"

通常，在训练中，"坏蛋可能杀死特工，"这位特工说，"你也不知道，也许特工会被杀，也许两个特工会绊倒对方然后摔下楼梯，什么都可能发生。有效的演练意味着这是一个实景练习，你得任其继续直到最后。但是当国会考察团参观时，我们就按照预先排练的进行。而真正的训练中，永远不会有彩排。"

当天投机取巧的场景练习，给在场的议员和代表留下了很深的印象。"在一场被保护人遭到袭击的场景中，他们目睹了特工们的行动反应——值班特工如何迅速赶到被保护人身边，反突袭小组如何部署工作。但是，他们并不知道在过去的几天中这个场景已经被反复排练过了。"

据另一位在场特工的描述，罗利中心开幕时，一组联邦检察官前来参观，特勤局采用了同样的方法。在参观之前，特工们进行了 2 个小时的实景练习预演。

事情本不该如此。

"要知道真实情况下，总统进行演说时，"前特勤局剧场丹尼·斯普利格说，"大家都不知道会发生什么。他们也不知道是否会发生袭击，何处会发生袭击，袭击的方法又是什么。"

在被问到彩排本应该随机进行的实战演练一事时，特勤局发言人埃德·唐万并未给出回答。

在罗利中心，特勤局也喜欢用特工的枪法给国会成员留下印象。但特勤局没有告诉国会的是：当军队和其他联邦执法机构已经将武器换成更新更强大的 M4 卡宾枪时，特勤局坚持让特工们使用的 H-KMP5 冲锋枪是如何的过时。

虽然护送总统出行的反攻击小组配备了和 M4 相似的 SR-16，但在必须对袭击等保护任务同样做出迅速反应的其他特工中，许多人还在使用 MP5。另外，为了能使用局里配发的 .357 口径子弹而不是标准的 9 毫米子弹，所有特工配备的西格绍尔 P229 手枪枪口都经过了改造。

"可能你会认为，特勤局的武器配备一定会最先进，但是其实不是这样，"一位现役特工说，"我们还在使用 1960 年设计的 MP5 冲锋枪，国务院的人都在使用 M4。这种枪于 1990 年设计，是驻伊拉克和阿富汗军队都在使用的武器。它的火力更猛，射程更远，穿透力更强。"

美国陆军的主要武器是 M4，FBI 的培训用枪是 MP5 和 M4 兼用，就连"美铁"警察部都配备了 M4。

"你会受到来自 AK-47 或者 M4 的攻击，"一位特工说，"我们希望自己的火力可以和对方匹敌甚至比他们更好；射程也和对方至少一样或者更远。但问题在于，如果在车队中用 MP5 射击，就像用一把手枪对抗一挺冲锋枪——你拿的是手枪。你不会希望它的射程短到连接触坏蛋都不能的地步，但这基本上就是特工们武器装备的现状。"

事实上，他说："MP5 射出的 9 毫米子弹甚至连最简易的通用防弹衣都无法击穿。"

"每次进行车队遇袭的实景训练时我都会大笑不止，"另一位主要的贴身保镖说，"我们的'敌人'用的是 AK-47。他们用 AK-47 袭击我们，发出震耳欲聋的响声。你会感到自己就像在中东遇到了埋伏。而比较起来，特工们用 MP5 反击简直就像把玩具手枪。"

特勤局使用的 MP5 根本就没有 M4 的夜视功能，也没有加装手电筒。手电筒可以帮助特工在夜间发现目标，可以照亮漆黑的房间，也可以用来转移敌人的注意力；它还可以造成敌人的短时失明，让特工们在正面冲突中争取优势。

"没有夜视能力，我们就会处于极大的劣势，"一位特工说，"我们处在对抗任何可能的暗杀行动的第一线，竟然连这种最基本的设备都没有配备，这实在是很丢脸很尴尬。"

事实上，在贝茨维尔的夜间实景训练中，受训特工差点因为值勤特工分不清散布在丛林中的反突袭小组成员是敌是友而摆了个"乌龙阵"。为了和其他特工区分开，反突袭小组成员戴上了一种叫萤火虫的装置。它能发出光点，但却只能通过夜视镜或者枪械上的瞄准器才能看见。

特工们一直都在要求改进武器，但是管理层却对此置之不理。

"虽然有些局外人试着要把武器升级成 M4，"一位特工说，"但是总部的人总会跳出来，说 M4 这种武器是用于战争而不是保护行动的。这只不过是他们不想出钱购买新式武器的借口而已。"

在被问到这些武器为什么没有夜视镜和手电筒时，指导员说特勤局得"慢慢来"，也就是说升级武器的开销太大。一想到美国每月为伊拉克驻军提供 1 200 万美元的资金资助和最先进的武器——更别提 7.87 亿美元的刺激物资了。特勤局还在犹豫要不要给负责保护总统的特工提供先进装备，真是让人难以置信。

特工们说特勤局以为以后的刺杀者还会单独出现，一位特工把这种想法称之为"老牌军校的思维定式"。他们对可能发生的全方位恐怖袭击或者运用即时爆炸袭击还没有足够重视。

"如今，即时爆炸袭击才是我们面对的真正威胁，"两个主要贴身保镖中的一个说，"看看那些在伊拉克的小伙子们每天面对的威胁，再看看它们怎么变成了本土威胁。我们面对的不是手持 .45 口径手枪坐在二层窗口等待车队通过的某一个歹徒，而且，那辆豪华车的玻璃就可以抵抗这些 .45 口径子弹。"

他们对于自杀性爆炸袭击也不太重视。

"为什么当贝尔琪娜·布托就在自己的豪华轿车内被自杀性爆炸袭击生生炸死之后,特勤局还是没有进行有针对性的培训?"另一位特工说,"他们怎么就意识不到这种本该注意到的问题?我们面临的不是一个站在两条街以外的屋顶上手持 .45 口径手枪的歹徒,如今我们要担心的是那些真正的威胁。"

第三位特工说,一位新上任的特勤局官员确实提到了自杀式爆炸的威胁性,但他只是含糊其辞地说特工应该和袭击者谈话。

"看到一个人在 30 多摄氏度的大热天还穿着冬季夹克,不仅全身冒汗而且神情紧张,我会立刻拿下他,让他无法再挪半步,"这位特工说,"要是和他谈话,肯定会有人马上丧命。我不会和任何人谈话,我晚上还想回家吃饭呢。"

比尔和希拉里·克林顿在纽约查巴克宅邸内的安保工作也面临要降低成本的要求。查巴克是一个风景如画的村子,让人联想到 20 世纪 50 年代的小镇。在那里,很小的中心区内夫妻店遍布,店主都和客人熟得互相都能叫出对方的名字。1999 年,比尔和希拉里在这儿(曼哈顿以北 35 英里处)的山林,花费 170 万美元买了带有 5 间卧室的荷兰殖民者的屋子。

在威斯特郡的 9 000 多名居民中,有个不成文的规定:开车路过老房区的那座白房子时,不要扭头观望,也不要减速或在路边停靠——查巴克的居民对保护这座产业的特工可能印象很深,这里的安保围墙并没有把它完全围住。从正面看的话,入侵者可以从它比邻的房屋中直接进入,而且他们很可能在特工们拉响警报之前,就已经进到门里了。虽然随时都会有6 名特工,外加 2 名来自纽约办事处的人一起保卫这所房屋;但是这座屋里只配备了 2 个可旋转监视摄像头,而且还会经常坏。

在特勤局总部,情报社区会将袭击信息进行分类,而和此连接的电脑系统非常有限,技术上也十分原始。特工们说他们对国外恐怖袭击活动的了解通常都是通过 CNN、Fox News 或 MSNBC,而非情报特工的简报。

最近,特勤局甚至对手机也开始精打细算起来,他们给特工提供的手机和翻新后陈旧而笨重的摩托罗拉传呼机,后者在白宫附近根本无法使用,他们早就该换成"黑莓"了。特工们的无线电通讯设备的信号甚至连砖墙都无法穿透。

说到罗利培训中心的创新成果，在一次设备参观过程中，一位特工骄傲地提到了特工们正在运用一种电脑程序，叫做"开枪/不开枪"。这个程序可以为他们射击决定时机的好坏打分。然而，我在《FBI内幕》一书中曾提到，这个程序2002年就在FBI位于弗吉尼亚州匡提科的培训中心启用了。

不为特工们配备救人性命的设备，却要求他们使用20世纪70年代设计的毫无用处的记录保存软件，这简直就是在浪费时间。每隔两周，特工必须打印一份每日工时报告，由一位考勤官把这些信息敲入工资系统。每个月末，特工们还必须手工计算自己每次执行任务的正常工时、加班工时、外出工时或者出城工作时间，然后再把这些数据输入老旧的电脑系统中。

特勤局的确有一位督查官员，特工们遇到问题时可以找他，但是大家都把这个职位设置当成笑话。"这位督查官和你要投诉的官员是好兄弟，或许他们就曾一起训练过，这就是'哥俩好'机制"，一位重要贴身保镖组的特工这么说。

这么严重资源短缺和开支缩减，"我个人认为我们是在苟延时间，"一位现任特工说，"我真的认为刺杀事件的发生是迟早的事。"

第 **25** 章

绿松石和闪烁
第一家庭的孩子们

对于特工们来说，保护吉娜和芭芭拉·布什是一件头疼的事。布什刚被选为得克萨斯州州长时，"在就职仪式的第二天，他们为朋友和家人举行了早餐宴会，"劳拉的朋友安妮·斯图尔特说，"乔治坐在主座上，看起来就像快要滑到地上去似的。我是说，他一直闭着眼睛。"

布什在宴会上做了一个简短的演说。

"我为发明咖啡的人感谢上帝，因为我今早真的十分需要咖啡，"他说，"我也有话要对那位发明'宵禁'这个词的仁兄说。不幸的是，我的女儿们不明白'宵禁'的意思。"

稍后，安妮·斯图尔特问劳拉，布什是什么意思。

"在就职派对之后女孩子们就没有出现，"劳拉说，"今天早晨2点半，我听到他疯狂地给女孩们的朋友打电话，想知道她们在哪。最终，他联系到了一个女孩。他说，'我不介意我是否当选州长，你们赶紧给我回来！'"

"她们正在外面狂欢，十分逍遥，"斯图尔特说，"她们觉得，'老爸不会介意的。他刚当上州长。'"

劳拉明白总统竞选将会严重地破坏她的家庭生活，后来她说，对于布什竞选总统她"起初有点不愿意"。她说："我知道看着自己的爱人被人挑剔是很难过的。"劳拉明白竞选总统赢得大选的可能性也意味着放弃比布什担任得州州长时更多的家庭隐私。哪怕仅仅是走进药房都需要严密的安保措施。

布什的双胞胎女儿，特别是吉娜，一直在竭力抗争。她们想像普通的年轻人那样生活。但是住在白宫所带来的与众不同令她们退缩了。

当布什出任总统时，代号为"绿松石"（Turquoise）的芭芭拉考上了耶鲁大学，而代号为"闪烁"(Twinkle) 的吉娜则考上了得州大学，她们成绩都很好。但 2001 年 5 月 29 日，奥斯汀警察局警官克雷·克拉博接到 Chuy's 餐厅经理米娅·劳伦斯的报警后被派遣到那里，到达时间是晚上10 点 34 分。克拉博后来在报告中写到，当他到达这间位于巴顿春天路的餐厅时，劳伦斯告诉她，她报警是因为一个穿着粉色吊带背心，背靠墙壁坐在酒吧区的金发女郎。

克拉博和另一位警员"正准备进去和那个女孩聊聊时，一个自称是特勤局特工的人拍了一下我的肩头"。克拉博写道。当下警官们意识到了那个犯罪嫌疑人就是吉娜·布什，克拉博向特工解释他们正在调查吉娜用假身份证购买酒精饮料的事。

特勤局特工没有插手。但是，特工迈克尔·博尔顿告诉了吉娜和当时也在现场的芭芭拉正在发生什么事情。然后他对警察说她们俩正准备离开。两天后，奥斯汀警方向两名女孩开出了 C 级犯罪行为的传票。吉娜被指控谎报年龄，芭芭拉则被指控为未成年人购买酒精制品。

这一切都是从一位女招待对吉娜交给她的身份证产生怀疑开始的。这位女招待给劳伦斯看了那张身份证，后者发现身份证上是别人的名字。何况，照片看起来也不像吉娜本人。劳伦斯告诉吉娜，她们不会卖酒给她的。

根据警官的报告记录，吉娜只说了句"随便"。

由于芭芭拉看起来比吉娜大一点，女招待给了她和她的两名朋友 3 杯玛格丽特和 3 杯龙舌兰。酒保一直盯着她们，以确保吉娜没有喝任何一杯酒。但在其他人指出芭芭拉实际上和吉娜一样大时，劳伦斯拨打了 911。警察到达现场时，龙舌兰已经喝光了，每杯玛格丽特至少都"被喝了一部分"。当克利福特·罗杰斯警官向吉娜索要她使用的身份证时，她边拿边哭了起来。

"然后她开始说她不知道大学生应该做些什么，而且她也不能像其他学生那样生活。"罗杰斯写道。

另一位警官向餐馆经理劳伦斯征询对这两个女孩的处理意见。

"我希望她们能有大麻烦。"劳伦斯说。

负责此事的警官斯坦·尼对《奥斯汀美国政治家》日报说这种事件通常都不会如此处理，但是他们却被卷了进来。

"通常商家都会自己解决这类问题，"负责这起案件的警官说，"但一旦我们得知了犯罪或者说潜在犯罪行为的发生，我们就有义务做一个尽可能完整的汇报。"

对芭芭拉来说，这是第一次。但是就在两周前，5月16日，吉娜已经承认过关于在奥斯汀第六大街上的Cheers Shot酒吧购买酒精饮品的指控。对于这项新指控，吉娜在7月6日没有采取辩护，直接承认了自己谎报年龄。她被吊销驾照一个月，并且为两项指控合共支付了600美元罚金。不过吉娜被判缓刑3个月，另外还有36小时社区服务，并被要求参加戒酒培训班。芭芭拉同样也被判缓刑和被要求参加戒酒培训班。

在这件事发生之后，这间餐厅的所有者麦克·杨和约翰·扎普作出了道歉并承认"通常我们不会像这次这样处理这类事情"。

姑娘们进入大学后成长了不少，但她们还是讨厌周围有特工，即便他们穿着便服而且大多数人都不会意识到他们特工的身份。尤其是吉娜的厌烦心理特别严重，有时为了甩掉特工的保护，她会故意闯红灯或者不告诉特工们她的目的地就开车离开。结果，特工们需要随时监视她，因为只有这样才能知道她的动向，这根本是对人力的浪费。

"有一次我负责保护她，差不多在周五下午3点半的时候，她盛装打扮好从房子里走出来跳上了车，"一位特工说，"我们开车在后面尾随她。她开到了一间酒吧，到达的时间大约为4点50分。"

这间酒吧位于华盛顿西北F大街601号Verizon中心对面，原来那天晚上滚石乐队要在那里演出。吉娜受邀到一个私人包房里和朋友开派对。这样的公开活动需要特别安保安排和至少100名特工。但是，这位特工说，吉娜事前压根儿没有告诉特工们。

"于是我们乱作一团，"一位特工说，"我们需要从华盛顿办事处调人，而且我们需要把人带进Verizon中心。邀请她到这个包厢的那个人给所有朋友发了电邮说，'嗨，吉娜·布什（现在是吉娜·布什·海格了）也会来。'我们却对此毫不知情。我们把华盛顿办事处的人拉出来，对他们说，'快去准备，今晚有滚石的演出！'"

特工们也向Verizon中心的经理求助。

"这就是作为一名特勤局特工的好处，"这位特工说，"基本上，我们可以去任何地方，只要给他们看我们的警徽，然后说，'听着，这是我们要做的事情。请帮忙。'所以我们说，'听着，我是特勤局特工，现在有点问题，但是我不能告诉你发生了什么，今晚一个大人物会来这里，甚至连我们都不知道是谁，所以我们需要您的帮助。'然后 Verizon 中心的经理让步了，给了我们需要的一切。"

这间中心是私人公司，所以也有自己的安保力量，特工要想携武器入内需要获得批准。中心给他们开辟了一个房间作为指挥中心。

"吉娜特别不喜欢被保护，"另一位特工说，"负责保护她的特工小组组长都被她吓怕了，因为他们怕她会拿起电话来打给她老爸。"

事实上，这位特工说，为了让特工收手，吉娜给父亲打过很多次电话。"总统会打电话给特工负责人，"这位特工说，"然后这位负责人会打电话给值班主管，值班主管会再打给特工们说，'嗨，你们得收手了。'"

"那我们怎么完成自己的本职工作呢？"一位特工问道，"我是说，如果她出什么事了怎么办？我想她不明白自己多么轻易就能被掳走。把她扔进一辆货车，再睁眼就能在半岛电视台看到她了。我们在她身边，努力做对的事，她却不理解，她根本不尊重我们在她身边为她做的一切。"

有时候，布什会因为特工没有跟住他的女儿而严厉斥责特工。一天下午在白宫，吉娜从通往玫瑰园的一个后门溜了出去，躲开了保护她的特工。布什看到了她离开，然后打电话给特工小组长抱怨为什么她身边没人保护。

"她站出来解释说，'爸爸，我没告诉他们我要去哪里。'"一位特工说。

一位反突袭小组的成员陪同吉娜进行了一次中南美之旅。

"她在阿根廷过得非常不好，到处都是狗仔队，因为那些跟着她的镜头，她不能外出做她想做的事情。"这位特工回忆道，"毫不奇怪地，她开始抱怨跟着她的特工。她真的会坐在车里回头看，试图认出反突袭小组的人。她会说，'嗨，那些人离我太近了。'然后呢，特工小组长就来电话了，说，'嗨，你们可以再离远一点吗？她看见你们了。'"

一位特工小组长发现他可以指导吉娜，而吉娜真的会听。

"他会给吉娜打电话说，'吉娜，你这是在干什么啊？'他们是兄弟，是好朋友。他非常专业，但是他知道该如何和吉娜打交道。他会告诉她，'听着，吉娜，你是想弄死我吗？你必须告诉我出了什么事。'而吉娜也会尊重他，这点很棒。"

另一位特工说："每天我们都面临着失去她的危险。她从不告诉我们她去哪。但她偶尔会告诉尼尔（那位特工小组长），然后尼尔会告诉我们发生了什么事，尼尔会非常努力从她嘴里套消息。"

另一名特工说，保护芭芭拉几乎和吉娜一样棘手。

"她也会给父亲打电话说我们靠得太近了。"这位特工说。

当芭芭拉在耶鲁大学读书时，她有时会跳上车和朋友们开车去纽约，甚至会留在那里过夜，但是她从来不提前通知特工。

"特工学会了要随时打包好衣服，因为芭芭拉和吉娜已经习惯说，'我要去机场，我想飞去纽约。'"一位特工说，"这些特工时刻准备好加夜班，而且他们经常需要突然拿着背包就上路。"

"如果她们不给人打电话抱怨我们的工作，但只要告诉我们她们要去什么地方，我们会让这件事顺利进行的，前提是要同我们合作，而不是和我们玩把戏，把我们的生活搞得一团糟。"一位负责保护吉娜的特工说。

芭芭拉在非洲时，白宫对外宣称她是在帮助患艾滋病的儿童。随她出行的一位反突袭小组成员说她确实做了一些志愿工作，比如在南非的开普敦，"通常她都是自己外出，做自己的事，参加派对。她拜访了一些学校，但我们最终成了一个'非洲豪华游旅行团'，当然美国的纳税人在为她埋单。你永远不知道她要去哪里，而她却总是在打电话抱怨。"

与此同时，在2005年华盛顿亚当斯摩根片区的万圣节派对上，吉娜的男朋友亨利·海格，也就是她后来的丈夫，喝得酩酊大醉，以至于特工需要把他送到乔治城大学医院去。

"那是在万圣节派对之后，他们还穿着万圣节装扮，"一位负责保护吉娜的特工回忆道，"她说，'听着亨利，我们得把你的装扮脱掉。到医院之前我们必须得看起来整齐一点。'这时，我在想，是啊，她长大了一点，她在考虑到达医院之前应该穿戴整齐，而不是看起来就是穿着万圣节装扮的醉鬼。"

另一次，海格和吉娜在一个乔治城酒吧喝多了，甚至想和几个餐馆老板动手。特工们必须插手以免发生打斗。

"他马上就要失控了而且试图挑起事端，"一位特工说，"特工们把他推到一边说，'你知道你和总统的女儿在一起吗？你知道你的行为会让她和我们处于什么境地吗？"

"和朋友在一起时，她会玩得很疯，"一位负责保护吉娜的特工说，"她是一个派对女郎，吸烟、喝很多酒、打嗝、大声讲话，很惹人厌。我不相信她在白天居然是个老师。"

吉娜刚开始在华盛顿市中心教孩子们，后来工作地点又改到了巴尔的摩。芭芭拉仍然对救助艾滋病患者感兴趣。随着时间的推移，布什的这对双胞胎也更加成熟，同时还表达了她们对特工的感谢之情。

"7 月 4 号左右，吉娜送了一打牛排到我们的总指挥台，"一位特工说，"在圣诞节前后，她又送来了一大堆牛排、热狗之类的食品。其实做总统的孩子是很困难的，我都无法想象。"

在问到对芭芭拉、吉娜和亨利·海格的评价时，劳拉·布什在白宫的新闻秘书莎莉·麦克唐纳说："我正式提出要求，希望你不要把这些无中生有的话写进书中。"

同吉娜和芭芭拉一样，福特总统的女儿苏珊·福特·贝尔斯也喜欢躲避特工的保护。苏珊的父亲就职时，她只有 18 岁，代号为"熊猫"（Panda），以同特工发生浪漫故事而闻名。在父亲卸任后，她嫁给了查尔斯·万斯，一位在加州保护前总统的特工。之后他们离婚，她又改嫁他人。

"在我的职业生涯中，切尔西·克林顿是最棒的保护对象，"一位既保护过她也保护过两位布什小姐的特工说，"她对待特工的方式正确积极，主动告知他们正在发生的事情，据我所知从来没有找过麻烦。"

在记忆中，总统儿女中最不听话的要数艾米·卡特，她父亲就任时她才 9 岁。

"艾米·卡特是个混乱的孩子，"布拉德·威尔斯，一位"空军一号"乘务员如是说，"她会看着我，拿起一包苏打饼干，弄碎，然后倒在地板上。她是故意的，而我们就得清干净，这是我们的工作。"

在学校保护代号为"发电机"（Dynamo）的艾米时，特工经常发现自己处于两难境地，因为艾米放学后想和朋友一起玩，但是她放学后应该回白宫做作业。当特工告诉艾米，她应该回家时，"艾米会给她爸爸打电话，然后把话筒交给特工，"负责保护她的特工丹尼斯·乔米基回忆道，"总统会说艾米想去哪儿就带她去哪儿。艾米对付她老爸绝对有一手。"

因为艾米经常整晚待在朋友家里，而特工们不得不陪着，这样一来工作时间便比直接把她带回白宫要长。科米斯基说："所以特工小组经常会打电话给第一夫人，因为她会说，'不行，她得快点回家，她还得做作业呢。'"

在所有总统的儿女中，卡特的二儿子，詹姆斯·厄尔·卡特三世又称"奇普"，是最不受喜爱的人物之一。父亲就职时他已经 26 岁了，奇普曾经帮助父亲参加 1976 年竞选并且在 1980 年再竞选时代表父亲发言。

"他举止粗鲁无礼，"一位特工说，"奇普是一个失控的人。他抽大麻、饮酒、玩女人。"和他的妻子分手后，奇普会"从乔治城随便找个女人，问她是否愿意到白宫'大干一场'，大多数女人都同意了。他只要有机会就会这么做"。这位特工说。

罗莎琳·卡特曾一度公开承认她的 3 个儿子都"尝试过"大麻。他的长子约翰·威廉·卡特又称"杰克"曾因吸食大麻而被海军开除。

卡特告诉特工，罗莎琳反对特工在白宫内佩枪。据卡特说，罗莎琳目睹了枪支令艾米"不舒服"的一幕。但是特勤局向他解释道如果特工不佩枪，那么袭击发生时他们将毫无用处。于是卡特总统也就不那么强硬了。

第26章

垂钓者
被随意使唤的特工

当特勤局取代号时，他们通常会随机选取一个以保护对象姓氏首字母开头的单词。这些代号在特勤局无线电未被加密的时期是十分必要的。现在，尽管无线电传输已经被加密，但特勤局为了避免出现因发音不清而弄混保护对象的情况仍然在使用代号。此外，通过使用代号，特工们可以避免别人偷听到他们谈论的对象。

白宫通讯局开发的这个代号名单，将无实际意义或者容易被混淆的词语剔除了。但是受保护者可能并不喜欢自己的代号并会要求更换。因此，多产作家琳尼·切尼被特勤局聘请为"代号作家"。迪克·切尼，这位著名的垂钓爱好者，获得了"垂钓者"（Angler）的代号。

小布什并不喜欢他刚开始被赋予的代号——"不倒翁"（Tumbler）。可能这令他想起他当年嗜酒的日子。于是，他选择了"开拓者"（Trailblazer）。布什的幕僚长乔希·波登则选择了"胖伙计"（Fat Boy），源于他银黑相间的哈雷戴维森机车。他的前任，安迪·卡德的代号为"爱国者"（Patriot），这是在他不喜欢原来"波多马克"（Potomac）这个代号时特工为他挑选的。

"保护我的特工很喜欢这个代号，甚至女性特工后来都被叫成'胖姑娘'了。"波登告诉我。

当克林顿在任时，媒体报道说他的弟弟罗杰·克林顿的代号为"头痛"（Headache），大概是因为他代替比利·卡特充当了第一家庭的害群之马。但实际上由于他没有接受特勤局保护，所以罗杰·克林顿是没有代号的。

除了法定的特勤保护，总统还可以通过颁布总统令指派受保护对象。通过颁布总统令，小布什要求特工保护切尼的两个女儿和六个孙子、孙女。

除了在副总统宅邸，切尼一家在怀俄明杰克森洞和马里兰东海岸也有寓所。当切尼一家买下马里兰东海岸的房子后，他们会每周末乘海军直升机去那里。特勤局需要在切尼家中的每一个角落配备警报系统和监视摄像头。考虑到即将卸任副总统一职，切尼又在弗吉尼亚麦克莱恩市置办了宅院。

在切尼一事上，当小布什将保护对象扩大到他的女儿和孙子、孙女上时，特勤局没有为切尼一家加派人手。特勤局的做法是让特工加班加点，并且给他们加班费。另外从地方办事处借调人手，但事实上并没有时间给他们进行培训、体能训练和火警演习。

"他们不会说，'好，我们很高兴能保护他的孙子孙女，但是我们会尽本分，所以应该给这里增加人手，以应付增加的工作量，'但特勤局管理头头却只对总统说，'没问题，先生，我们去操作。'然后一个人也不给我们多派。"一位负责保护副总统的特工如是说。

"结果，你就坐在死胡同里工作 12 个小时，"另一位同样在这个安保小组的特工说，"这就是你不能参加培训的原因，因为你要执行任务。你在前线奋战，你要取悦受保护对象，但是你转身就发现你为之工作的对象根本就不关心你。这只会让人陷入绝望之中，这就是大家想要离开的原因。"

在切尼的女儿玛丽——代号为"阿尔派"(Alpine)，生孩子之前，特勤局只负责她的姐姐伊丽莎白的安保工作，因为她那时已经有了孩子。特工只负责接送玛丽上下班，但是玛丽看起来很不满。

"她对于我们整晚守候在她姐姐的寓所外十分生气，她说，'我也应该获得这样的待遇。'"一位特工说。

玛丽也对特勤局派给她的车辆怨声载道。

"她看到她姐姐有一辆全新的雪佛兰商务车，"一位负责保护她的特工说，"而玛丽的车比较老旧。她就开始问'为什么我不能有一辆新车？'过两天，你就会发现，她从特勤局搞到了一辆全新的商务车，就停在她家正门口。"

当她的商务车需要送修时，特工们会用一辆旧一些的车子接送她。

"当她看到她的老座驾又一次被拿来作为接送她的工具，她当即大发脾气，"一位特工说，"她给老板打电话，要求马上把她的车子送回来。她没意识到，修车需要时间。"

玛丽反对特工值夜班时在她家后院设岗，她说那会打扰她的狗。

"我甚至不知道她家房子后面是什么样，就因为她怕我们打扰到狗而不让我们过去，"一位玛丽安保特工小组的成员说，"她的狗会吠。我们走进去它们就会生气。所以我们只得在那里架几台摄像机。我们没有别的选择。这是一份完全不会被感激的工作，即使你要保护的对象对你指手画脚，你仍然需要继续工作。"

当玛丽要求特工把她的朋友送到某间餐馆时，安保小组组长拒绝了她的要求。玛丽为此把那位特工调走了。

当被问到对此事时，玛丽·切尼说："这些故事都是虚构的，我对特勤局的男女特工都怀有最大限度的尊敬。我对他们在过去的8年中为了保护我的家人做出的一切努力表示由衷的感谢。"

受保护对象经常把特工当成私人仆从，把自己当成主人。当埃德蒙·马斯基竞选总统时，就曾经要求特工替他背高尔夫球包。

"他当时在肯尼邦克港度假，"一位经验丰富的特工说，"他每天都要打18个洞。他会作弊，用脚把球踢进洞里，把球拿起来再放进去。还有一位特工为他背球包（马斯基要求他这样做）。这种做法降低了我们的工作效率。"

但是和琳尼·切尼这样亲切的女性在一起时，特工会很愿意帮她提包。"她很喜欢购物，经常手里提着一大堆包从商店里走出来，但是据我所知没有一次要求我们帮忙提包，"一位负责保护她的特工说，"可能正是由于如此，我们会主动请缨。"

和布什一家一样，迪克和琳尼·切尼十分准时，而且广受特工的好评。切尼每年都会邀请特工们和他们的家人去参加圣诞派对并和他们合影留念。

"我记得那天我可能是第160个和他们合影的人了，但是当我的孩子走过去时，切尼夫人表现得像拍当天的第一张照片一样，"一位切尼副总统安保小组的特工说，"她蹲下来拉过我的小女儿，并热情地拥抱了她，这真的让我很感动。"

与切尼一家一样，特工们对小布什的大部分参谋和内阁成员可都赞誉有加。

"卡尔·洛夫很喜欢反突袭小组，"一位特工说，"他会经常过来和我们聊天。他也会和我们拍照。无论何时他看到我们坐在车上时，都会过来打招呼。微笑着，总是很幽默，是个大好人。"

"卡尔·洛夫在特勤系统内的声誉很好，对特工们很关心，"另一位特工说，"安迪·卡德也一样。"

总体而言，特工们认为布什内阁与往届内阁相比对特工们更友好，对他们的工作也更感激。但是，在其中也有两个例外：财政部长约翰·斯诺和国土安全部部长汤姆·瑞奇。特工们认为瑞奇是最抠门儿的受保护者。在周末，他会回到位于宾夕法尼亚伊利的家中。但他坚持不买机票，而是让特工开车送他，一趟单程就需要 6 小时。

"特工们会每隔一周甚至每一周都组织车队开往宾夕法尼亚州的伊利，就因为瑞奇不想花钱买机票，"一位负责保护他的特工说，"他要是发现哪里有免费的饭可以吃，他绝对会去。他在特勤局就是以抠门儿著称。"

他在酒店里甚至连报纸都不买，而是向特工要报纸看。

"如果有人说，'部长先生，这顿饭我们请，请笑纳。'他会在第二天晚上再来这间餐厅，看看是否能再吃一顿免费的晚餐。"一位特工说。

特工们很喜欢约翰·斯诺，因为他很爱同他们聊天开玩笑。

"约翰·斯诺是那种很酷的保护对象，他认识安保小组里的每一个成员，"一位特工说，"他会坐在豪华车的后座和你聊天。感觉就像是和好兄弟们出去玩。"

但是保护斯诺的小组成员相信，这位美国铁路运输集团前主席兼 CEO 在他和夫人居住的里士满包养了一个情妇。他在华盛顿买下了一套公寓，却仍然每周返回他在里士满的家。这浪费了大量纳税人的钱，因为特工要开两个小时车把他送回家，并且还要在酒店过夜。

特工们给这个女人起了一个非官方的代号——"51 区"（51 Area），这原本是一个绝密的空军训练场地，这个代号本身已经足以让人想入非非。

现任瑟伯罗斯资本管理公司主席的斯诺，拥有克莱斯勒集团公司 80.1% 的股权，他通过他在里士满的律师，弗吉尼亚州前首席检察官，同时也是他交往 25 年的老友——理查德·卡伦发表声明。

"约翰·斯诺没有发生婚外情……那些不肯透露姓名的特工做出这项控告是十分错误的。"

但是斯诺安保小组的成员有另外的说法。"斯诺确实是到处留情，这让特工们很伤脑筋，因为我们知道我们保护他离开家的目的之一就是让他去会情妇。"一位斯诺安保小组的特工如是说。

当某个女人的丈夫周日早晨去教堂时，"部长会说，'我要去她家还书。'"一位特工回忆道。或者斯诺会说他发现在里士满报纸上的一条消息要给他们看。

"这让我们很气愤，因为我们每个周末都要去里士满，而工作日他往往都要为了推进社会保障的进程而出差，所以我们整周都在赶路，"一位现任特工说，"我们从来都不能回家，所以当我们意识到我们来到里士满的唯一原因是为了让他会情妇时，我们十分生气。"

一天早晨，另一个特工在经过斯诺在里士满房子的前窗时看到斯诺和这位传闻中的情妇接吻。她甚至会飞到纽约，到斯诺在纽约希尔顿（特工们通常将其称为辛克利希尔顿）附近的公寓看他。

"她知道我们所有人的名字，"这位前特工说，"她会突然出现然后说，'嗨，大家好！'我们去远足，而他们也在那儿。她简直无处不在。"

"他那时真的认为骗过了我们，"另一位特工说，"比如她会出现在一个纽约的宾馆，然后他会表现出，'噢，看看这是谁？太巧了！'"

刚开始，2003年2月，斯诺刚刚被任命为财政部长时，他会和特工一起在周六去里士满，周日再返回。

"没过多久，他意识到其实可以周五早些走，周日晚些回来，"一个负责保护他的特工说，"而且他没过多久又意识到他可以周五到达，周一早晨启程返回，只要赶上上班就好。所以在里士满的行程变成了周五、周六、周日、周一。"

斯诺在2006年6月被再次任命，那时，"他会在周四离开，下周一回来，"一位特工说，"所以他一周会在里士满待5天，而且每周如此。"

"我想他喜欢里士满很正常，"一位特工说，"他在河边有一座漂亮房子，还有大泳池。但是安保小组只有6～7名特工，他每周在里士满待上四五天。你来算算看，要想轮值完成这样的任务人手根本不够。"

斯诺的夫人很少来华盛顿，而且看起来很轻视特工。

当斯诺在城里时，她会让特工帮她取邮件和报纸。这些邮件都是未经扫描的私人邮件，而特工们是不应该为他们提供私人服务的。所以一些特工会帮忙，但大多数都不会。

一个周日，斯诺的夫人穿着浴袍走进来，问一名特工："你为什么不送报纸？"

"送报纸不是我的职责，你可以自己拿报纸。"这位特工回答道。

"这件事引起很大的不快，"这位前特工说，"我在那里是为了保证部长，如果可能也包括她的安全，但是我绝对不是她的报童。"

"再也没有什么事能让我吃惊了，但是斯诺的夫人却似乎从来没有怀疑过。斯诺全程都由我们保护着，这对他来说似乎反倒更方便。"

特工说有一次他俩差点被逮到。那是一个周日，斯诺正和那位情妇在一起，而她的丈夫从教堂提前回来了。

"一位特工看到了，"一名特工说，"于是他马上跳下车并尽他所能发出声响。"这位特工大声叫出这位丈夫的名字并且对他说，"嘿，很高兴见到你。"这位特工大声关上车门，正当这位丈夫走进家门时，斯诺头发乱糟糟地走了出来。

令特工们恼怒的是斯诺仍然以为特工们不知道情妇的事。有一次，斯诺说他想散步。

"他上了车，我们就出发了，然后他说，'走那条路。'可是那是一条通往博物馆的死胡同。我们往前走，就看到那情妇坐在车里在那儿等着。"

斯诺说："嘿，看看！出什么事了？"

她说她的车子抛锚了，想问能不能用跨界电缆为她的电池充电。一位特工觉得可能有诈，就建议他们再尝试启动一下车子，而斯诺坚持说车子不能用。连上跨界电缆后，车子不出所料地启动了。

"我们最好跟着她回家，保证车子不会再抛锚。"斯诺说。

"所以，我们就跟她回家了，而斯诺在她家里待了一个到一个半小时。"一位特工说。

"他认为我们傻到没意识到发生了什么，"另一位特工说，"这才是真正让我们发疯的地方。"

为了否认斯诺和"51区"的婚外情,斯诺的律师库伦让笔者与汤姆·格林威，斯诺第一次任部长时的安保小组组长联系。格林威说被我们怀疑的那位女士不是斯诺的情妇。

"我每天和他在一起 15 个小时，有时一个月要一起待上 25 天。"格林威说。

后来得知，格林威在保护斯诺的过程中成了他的高尔夫伙伴。这在特勤服务中是绝对不允许的，因为私人关系可能会使特工做超出职责之外的事或者在安全问题上让步。另外，和受保护高官成为好友的特工可能会借老板发展自己的势力。

针对这件事，特勤局对格林威进行了一次处罚性调动。后来他承认，斯诺向特勤局主管提出将他的人事调动推迟几月至2004年大选。格林威说那时他便退休了。

斯诺的律师库伦说："无论是斯诺还是他的家人都不曾滥用特勤局提供的保护。保护财政部长本来就是特勤局的职责之一。"库伦还说："保护任务是被指派的，不是可以随便更改的。这些都是根据对受保护对象受威胁风险程度的评估而作出的安排。"

库伦说，斯诺眼里的特工都是"专业、勇敢而且努力的"，但是斯诺"对前特工为书籍的写作提供消息，特别是匿名的错误消息表示惊讶和伤心，他相信特勤局内光荣且历史悠久的传统依然存在，他总是怀着热爱深情地回忆起那些保卫他安全的、勇敢的特工"。

斯诺还通过律师表示，"对于你居然在书中描述他曾经让特工去做他们工作之外的事"，他感到十分惊讶。

斯诺的律师有一点说得对，就是财政部长和其他所有可能继任总统的人员，在国土安全部长的命令下都可以要求特勤局的保护。但是他说斯诺只要求保护他的特工做正常工作之内的事这一点，是错误的。

即使受保护的政府官员决定每周从华盛顿出发，去看望他的情人，或者只是和妻子去看一场电影，特勤局也理应提供保护。问题在于，保护对象在知道是纳税人为他埋单时，是否该开始这段旅程。

第 **27** 章

叛　徒
力不从心的安保系统

STATE OF THE UNION

特勤局在 2007 年 5 月 3 日也就是 2008 年大选正式开始前 18 个月，开始保护巴拉克·奥巴马，这是所有总统候选人中接受保护最早的一例。相反，2004 年大选时，约翰·克里和约翰·爱德华斯在当年 2 月也就是大选前 8 个月才开始接受保护。米歇尔·奥巴马在 2008 年 2 月 2 日开始接受保护。这也是历史上最费时费力的一次总统大选。

面临着对特工需求量的上升及人手不足的困境，特勤局于 2005 年 1 月就开始为这次大选做准备。在当年 2 月，特勤局向全体 3 404 名特工征询了他们意向的任务。比如说，特工可以申请加入普通保护组，运作及后勤组，或者交通组。特工们会在罗利中心接受特别培训，以更好地与未来的同事协同工作，而负责为总统候选人驾驶汽车的特工更是要接受严格的培训。这次大选还需要 1 200 名白宫特警的人力支持。

根据法律，特勤局需要保护总统和副总统重要候选人以及他们的家属。通过和由众议院的少数党领袖及发言人、参议院的多数党和少数党领袖、再加上其他委员会选举的代表组成的咨询委员会商议后，国土安全部部长决定谁是重要候选人。

国土安全部部长也要决定何时开始实施保护。除非国土安全部或总统令有特别批准，一般对家属的保护从正式大选的前 120 天开始。为了保护总统候选人，特勤局要在特工现有的薪酬之外，每天另付 3.8 万美元。这包含了特工的机票费、汽车租赁费、餐费和加班费。

根据公众记录，特勤局一度评定了 15 名重要候选人。结果只有 3 名总统候选人受到了保护，当然前第一夫人，希拉里·克林顿也在特勤局的保护之下。

虽然奥巴马在接受保护前没有受到过恐吓，但是特勤局网络中心的特工发现网上有一些令人不悦的评论，主要都针对他非裔美国人身份。通常这些评价会出现在白人至上的网站上，声称如果奥巴马当选总统一定会被暗杀。甚至在奥巴马决定竞选总统之前，米歇尔·奥巴马也表示过她很担心丈夫作为一个黑人候选人可能因为种族问题而处于危险之中。

政府要员保护部门主管史蒂文·休斯特工说："特勤局之前真的没有把他列入保护对象，是他主动申请保护。然后经过了一番'我们是否需要保护他'的论证，而国土安全部部长和前总统最终认为奥巴马有极大的当选机会，我们才开始采取行动的。"

就在休斯说话的同时，他查看了黑莓手机上的一条简讯，那是一条来自情报和评估部门针对一位候选人的威胁报告。

"我经常收到这些消息，有可能是网络上有所指示的言论，也有可能是某个醉汉发表的言论，"休斯说，"这些消息可大可小，他们都会发给我，所以我知道所有的事情。"

当问到他是否有充足的睡眠时，休斯说："联合国的人下周要来，到时会有数不清的人需要保护，我们现在没时间睡觉。"

2008 年 8 月，特勤局在迈阿密逮捕了雷蒙德·H.吉赛尔，因为他在一个保释代理人培训班上对候选人奥巴马发表了威胁言论。这个班上的 2 名成员听到吉赛尔说："如果他当选，我会亲手杀了他。"被捕时，特工在吉赛尔酒店的房间里搜出了一把上膛的 9 毫米口径手枪、许多弹药、防弹衣、军用制服以及一把大砍刀。他被控告犯有恐吓总统候选人罪。

在丹佛，一伙持枪且身穿防弹衣的歹徒对奥巴马的黑人身份进行抨击，并且说 8 月他在民主党全国代表大会发表提名演讲时对他实施枪击。但是由于他们处于吸毒后的兴奋状态，没有能力实施计划。在大会前 4 天，其中一个醉酒的歹徒开着租来的道奇公羊卡车在丹佛郊外的奥罗拉横冲直撞，被警官拦截住。警官在车里发现了 2 把大火力的步枪，1 个消声器，1 件防弹背心，1 件迷彩服和 3 张假身份证。车上有很多制毒工具，简直是一个可移动的冰毒制作室。经过特勤局的进一步审查，这个人因非法持有武器被指控。

在选举过程中，白人至上网站的留言直线上升。在奥巴马于 2008 年 11

月 4 日发表提名演讲时，三 K 党首领大卫·杜克在网站上号召行动，他说奥巴马的当选代表了"悲剧和悲伤的一夜"。在一个极端主义网站上播出的音频广播上，杜克说："奥巴马长期以来都敌视白人，我们欧洲裔美国人要为了生存而团结起来。"

就在选举前，两名得克萨斯州的暴力分子因计划杀光全国的黑人以及密谋在奥巴马发表就职演讲时将其暗杀而被提起控诉。在这两起事件中，特勤局都认为他们没有能力实施阴谋。

在奥巴马发表就职演讲后一天，一家广受欢迎的白人至上网站注册了两千多名新成员。一个成员在网站上写道："我希望这个混蛋死掉，上帝抛弃我们了，这个国家走到了末日。"

奥巴马就职前 5 天，特工在密西西比州布鲁克海文逮捕了史蒂文·J. 克里斯托弗，他在网络上声称要杀死奥巴马。他在网上表示他要参与一项政府密谋，他有种族主义以及反犹太情结。在其中一篇网络日志中，他写道："是的，我决定刺杀巴拉克·奥巴马，但是并不是针对他这个人。"他又说他没有办法去得了华盛顿。

据司法部记录，他说："我没有枪，但有人会给我一把。"

媒体报道说在两场共和党大会上有人大喊着"杀了他"，指的就是奥巴马。但是在场的特工以及事后的现场录像上并没有发现此类言论。特勤局推断，在一场莎拉·佩林于佛罗里达克利尔沃特举行的集会上，一个男人喊着"告诉他"或者"告诉他们"，而不是"杀了他"。

除了种族主义者的咆哮，在整个大选中特勤局没发现任何真正的威胁。

约翰·麦凯恩没有申请保护并声称自己并不需要。在 2008 年 4 月 7 号的国会听证会上，麦凯恩无人保护的情况被曝光，麦凯恩在员工和国会的双重压力下接受了特勤局保护。自 4 月 27 日起他正式接受保护。

特工们协助大选工作，因而他们会提前知道副总统候选人会是谁以及名单何时宣布，在公布名单的当天他们开始为候选人提供保护。

因而，当代号为"德纳里"（Denali）的莎拉·佩林以及代号为"凯尔特人"（Celtic）的乔·拜登在各自的政党大会中被提名为副总统时，他们的家人也已经处于特勤局的保护之下了。佩林的丈夫陶德代号为"钻床"（Driller），而拜登的妻子吉尔代号为"卡普里"（Capri）。对拜登一家的保护始于 2008

年 8 月 23 日，而佩林一家则开始于 2008 年 8 月 29 日。

在保护开始前，特勤局主管马克·苏利文和他的小组会与每一个候选人见面。和之前所有的 22 位特勤局主管一样，苏利文要通过重重考核。苏利文是一个土生土长的麻省阿灵顿人，毕业于新罕布什尔曼彻斯特的圣安塞尔姆学院。他于 1983 年开始他的特工生涯，当时被分派到底特律办事处工作。

1996 年，苏利文成为防护性军事行动办公室主管助理，后来担任赝品调查科的副主管。2002 年，他担任副总统安保科的副主管。做过一段时间的特勤局副主管之后，苏利文在 2006 年 5 月 31 日宣誓就职特勤局主管。

虽然在特勤局网站上有苏利文和副主管公开的背景资料，但和 FBI 不同，他们不会公布其他特勤局官员的姓名。

当谈到在阿灵顿长大及打曲棍球的经历时，他会用一种特别的地方口音。他的冰上曲棍球队每年都能打赢 FBI。鲍勃·穆勒主管甚至开玩笑说聘请苏利文是因为他的曲棍球打得太好了。

苏利文的办公室位于华盛顿第九大道 H 大街的特勤局总部 8 楼的一个角落。办公室内的陈设表明了他的爱好：一张曲棍球运动员鲍比·欧尔在冰上的镶框照片，一张芬威球场的航拍照片，一堆红袜子队的帽子和有球星签名的棒球和橄榄球。

一谈起工作，苏利文的波士顿爱尔兰口音马上消失了。他说，现在有 2 200 起在调查中的案件。他有着棕色的大眼睛，当他说话时，他的眉毛会时不时地皱在一起然后又舒展开来。他坐在椅子上，身体前倾，当他强调什么事时，他厚实的手掌会在膝盖上敲打起来，他整个人都会陷入到思考的问题中。他坐着时两腿交叉，由于多年滑冰他的小腿肌肉十分健壮。

苏利文说，2008 年总统大选安保工作不仅历时最长，候选人也安排了更多的海外行程。比如说奥巴马对约旦、以色列、德国、法国和英国进行了为期 6 天的访问，在那之前他还去了阿富汗和伊拉克。而麦凯恩则出访了加拿大、哥伦比亚和墨西哥。

"我们在竞选初期遇到的情况比历史同期遇到的要多得多。虽说竞选时间是有史以来最长的，但我认为特工们把事情处理得非常好，我对他们的工作感到十分骄傲。"苏利文说。

2008 年的夏天，在已经接受了 1.067 亿美元财政拨款后，特勤局又申请并获得了 950 万美元用于支付计划外的开支。特勤局共保护候选人进行了 5 141 次旅行，3 500 个特勤车队穿过了 280 多万熙熙攘攘的民众。

这还不包括在总统和其他受保护人出席的活动上对 150 万参与人进行的调查，还有在丹佛和圣保罗举行的两场国民代表大会上的安保工作。特勤局对两场国民大会的安保工作进行监督并在每一场大会上都设置了场外通讯中心。通讯中心负责协调来自包括 FBI、当地警署、当地医院和公用事业公司在内的 70 个部门的 100 多位工作人员的工作。中心每天运转 24 小时，设有体育场馆式的分层座位，以方便工作人员监控墙上安装的监视屏幕。

每一个安全问题，包括车辆遭劫都会在屏幕上显示，问题会立马得到解决。在共和党大会上，圣保罗警署和拉姆西县警署逮捕了 800 多名抗议者。他们中有 300 名自称为无政府主义者，大多数为"共和党全国代表大会欢迎委员会"成员。

特勤局认为当地警方是处理这类事件的最佳力量。早在 13 个月前，鲍勃·弗莱彻警长就组成了一个情报小组用来过滤欢迎委员会的成员。在大会开始前几天，警长的副手逮捕了这个组织的 8 名首领并且搜查到了他们的计划书、地图和武器。这个组织密谋在大桥设路障，向委员喷洒尿液，甚至有可能绑架党代表。他们因密谋引起骚乱并进行恐怖活动而被起诉。

在美国能源中心的大会上，一些来自团体粉红代码的示威者起哄打断了麦凯恩议员和佩林州长的演讲。他们不停靠近讲台并露出了佩戴的粉红色标志。虽然可能有某些委员或者媒体给了他们来宾通行证，但是他们也可能通过原本受到邀请的人手里获得通行证。只要这些示威者没有威胁任何人，特勤局就会把他们交给大会保安去处理。

"我们对进门的每个人进行安检扫描，"一位特工说，"如果他们带有危险物品，我们会处理的。如果他们冲上讲台，想要靠近受保护人，或者喊出什么威胁口号，我们一定会制止。但是事情不是那样。"

大会保安把示威者们带了出去，而共和党全国大会没有提请控告。

"他们大喊着宪法第一修正案给了他们自由言论的权利，大会保安把他们带了出去，所以真的不算是危险事件。"休斯说。

特工们说代号为"叛徒"（Renegade）的巴拉克·奥巴马和代号为"文

艺复兴"（Renaissance）的夫人米歇尔·奥巴马都对他们十分尊重，拜登也是如此。

"奥巴马先后两次邀请特工聚餐，包括一次携带家属的派对，两次活动都是在他家举办。"一位在他作为总统候选人时的安保特工说。米歇尔·奥巴马坚持让特工叫她的名字。

"米歇尔很友好，她会拍拍你的肩膀。"一位特工说。

奥巴马努力做到准时，而且通常他可以做到。如果奥巴马迟到了，米歇尔会批评他，说他对特工不够体贴。拜登"和特工相处融洽，"一位特工说，"拜登一家会给特工买食品而且很快就记住了大家的名字。"

在 2008 年 4 月 4 日，就在奥巴马的牧师，小耶利米·A. 赖特，在国家新闻社俱乐部发表不当言论之前，奥巴马就在赖特家中与他进行了秘密会见。为了不被公众发现，特工们没有开常用的雪佛兰，而是用了一辆小货车载着奥巴马出行。他们把车停在一个街区以外，奥巴马和赖特交谈了一个小时后才离开。

毫无疑问奥巴马希望赖特收声，但是赖特在国家新闻社俱乐部承认他认为美国制造了艾滋病毒以消灭黑人。之后，奥巴马和他断绝了联系。

在奥巴马赢得大选后，芭芭拉·沃尔特斯问他是否担心自己的安全，他说他从不担心。

"一部分原因是由于有这么多优秀的特工随时保护我，另外也因为我是一个虔诚的教徒而且对人们怀有深深的信任。"他说。

特工说，尽管奥巴马一直声称他在戒烟，但事实上他还是经常吸烟。在宣誓就职前一周，奥巴马告诉 CNN 的安德森·库珀他在白宫里从来没有吸烟。然而有人却看见他在白宫府邸的杜鲁门阳台和西办公楼吸烟。特工说，他出了白宫也是吸烟的。

和奥巴马不同，特工们说代号为"凤凰"（Phoenix）的麦凯恩是一个令人难以忍受，毫无耐心，而且经常因为小事发脾气的人。

"同麦凯恩共事是很困难的，"一位特工说，"他经常抱怨，总是喋喋不休。我们一开始就知道他不太喜欢我们。我们挡住了他的路，我们阻碍了他去会见民众。"

然而，特工说，与代号为"阳伞"（Parasol）的辛迪·麦凯恩共事十分愉快，

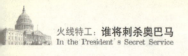

而且她很幽默。

在奥巴马竞选获胜后，他的两个孩子，代号为"光辉"（Radiance）的玛丽亚和代号为"玫瑰花蕾"（Rosebud）的萨莎开始接受保护。特工们也开始保护乔·拜登的母亲、孩子以及孙子。和保护切尼的女儿和外孙一样，特勤局并没有加派人手，而是让特工们加班加点。由于工作量加大，特工们不得不大量压缩技能训练、体能训练的时间。事实上，由于副总统拜登常年出行，另外他家在特拉华州，导致特工的工作量太大，因而特勤局几乎终止了副总统特工小组的所有培训。尽管如此，特工们仍需要填写繁复的文件声称他们已经参加了培训并通过了所有考核。当然，这样做有违诚信。

"我们的现有人手只到需求量的一半，但是总部不会给我们加派人手，"一位特工说，"总部的惯用语就是，'你可以在现有的条件下完成任务，因为你是美国特勤局特工！'"

美国第一位非洲裔总统的就职仪式及其空前的民众参与率使得安保工作极其复杂。自奥巴马竞选总统成功之日起，特勤局接到的针对总统的威胁与小布什时期相比增长了3倍。虽然大多数信息并不一定可靠，但都需要仔细甄别和判断。特工们认为人们越是知道这些潜在的危险越会引发更多危险，所以特勤局从未公布这些信息。

总统就职是一个重大的全国安全事件，特勤局是负责安保工作的重中之重，安保准备的规模是空前的。根据特勤局安排，华盛顿市区的大部分地区被布上了警戒线，通向华盛顿特区的波托马可河铁路大桥被禁行，私家车辆也禁止在通往华盛顿的395号和66号州际公路上通行。

和往届总统就职一样，特勤局用水泥路障或警车围住总统车队通过的街道。自"9·11"事件过后，人们要想进入车队路线必须经过安检扫描，而且连饮料、背包和包裹都不能携带入场。

特勤局特工和爆炸专家检查了车队沿途经过的下水道和隧道。下水道井盖都被焊住了，街上的信箱和垃圾桶通通被移走。如果有任何无法移除的物品，特工们会对它进行排查并用特制的可变色的胶带封口。如果任何人启封，胶带会被毁坏发出警告。

探犬会检查建筑物、车库和运货卡车是否藏有炸弹，沿线办公室的雇员和酒店的住户将接受犯罪记录调查。特工们会从办公楼或酒店经理处拿到可以打开所有房间的钥匙。他们会封上所有的杂物房和电房，他们还会在大楼顶端安排特工或者警察站岗。

在路线最脆弱的地点，共有 12 个反狙击小组驻守。直升机在上空巡查，而其他飞机需要远离此区域。高清晰的监视器会时刻监控人群，一个采用声纳技术，价值 35 万美元的扬声器系统将在发生紧急事件时被投入使用。

"在车队通过时，所有窗户必须关闭，"一位资深特工说，"我们的人会用望远镜监控。通常情况下他们会同意，如果他们不肯，我们有可以打开所有大门的钥匙。我们会质问他们为什么会在那，而且不关窗。"

如果特工发现了问题，他们会呼叫 ID 小组，也就是情报小组，ID 小组会跟随在总统和副总统身边，通常由特勤局特工和当地警察组成。在就职仪式上，ID 小组的大部分成员都是特勤局特工，这些小组成员会对可疑人物进行侦讯。

总的来说，特勤局负责协调至少 4 万名警察以及 94 个来自联邦或当地执法部门、军队以及其他安全机构的特工。全国的所有警署都会调派警力，他们中很多人身着便装。安保人员比小布什连任总统发表就职演讲时增加了一倍。

到 1 月 20 日正午 12 时，奥巴马把左手放在那本《林肯圣经》上。这本天鹅绒封面的《圣经》是当时美国最高法院的一位办事员为林肯购买，林肯总统在 1861 年 3 月 4 日就职时使用过的。奥巴马举起右手，跟着大法官约翰·罗伯茨进行了那 35 字的宣誓。

奥巴马和夫人米歇尔，两次离开了他们的座驾，徒步走在宾夕法尼亚大街上和民众挥手致意。吉米·卡特是第一个这样做的总统，没有向特工声明，就自己离开了座驾。从那时起，特勤局开始规定总统应该在哪里走，并且提供更多的警力陪同总统。

情报部得到消息称一些索马里青年党的人可能会进入美国，企图破坏就职仪式。这条情报的可信度值得怀疑。

最终，200 万人挤在国会大厦外，游行队伍和国家广场上，就职仪式顺利进行。就在奥巴马进行宣誓时，特勤局还在不顾风险地降低成本。为这场仪式筹集了 35 万美元以上的筹资人可以不用进行身份检查就可取得通行证，他们和他们的客人还被允许受到总统私下接见。甚至还有一些人坐在

靠近奥巴马的地方，但是他们没有接受过是否携带有武器或者爆炸物的安保检查。

一百多名 VIP 聚集在复兴酒店外经过安检，等待特勤局安排的巴士带他们到奥巴马发表就职演讲的国会大厦。但是经过安检后，他们又被告知需要穿过公用人行道去寻找停在会议中心停车场的巴士。他们再没有接受二次安检，也没有进行身份认证。

一位负责就职典礼筹资的赞助人告诉《华盛顿邮报》，他对克林顿和奥巴马就职时的安保系统的差距之大表示震惊。

"安全措施的缺乏让人觉得荒唐。"他说。

和往常一样，特勤局称许多安保措施是不被公众察觉的。

"我们进行了逐层规划，不需要其他任何措施就能保证现场的安全。"发言人埃德·多纳万说。

然而不管把那些关于层层规划的安保系统说得多么天花乱坠，如果没有对参会民众进行常规检查，那么还是会让新总统处于危险之中。

第**28**章

一颗扔向小布什的手榴弹

　　在尼古拉斯·特罗塔位于特勤局总部9楼的办公室里，这位防护性军事行动主管谈论了从以往的暗杀总统案例中得到的教训。在里根总统被杀后，"我们开始扩大金属探测器的使用范围，"他说，"现在每个人都需要经过金属探测器的检查。"

　　特罗塔说，一般而言金属探测器都是有威慑力的。他回忆起和小布什总统在丹佛参加的一场室外活动，当天一个背包里装着手枪的疯狂女人很早就到了现场，想要接近总统。

　　"她看到一辆豪华轿车驶进了帐篷，"特罗塔说，因为旁观者都要经过金属探测器检查，"而她没办法进去。所以她只好等着。"她打算在总统上车时动手，但是她被旁边的人分散了注意力。当特工们飞回华盛顿时，他们得知这个女人被送往一家精神病院。她向家人透露了她流产的暗杀计划。

　　"这种事情屡见不鲜——许多密谋行动因为没成功所以我们不知道，"特罗塔说，"有多少杀手由于遇到了警察或者仅仅是因为一台金属探测器就放弃谋杀行动？我已经记不清有多少次我看到有人排队要进门，看到了金属探测器又掉头出去的。而这正是我们的契机，特工会立马过去检查这个人身上是否有武器。"

　　但是如果特勤局迫于候选人或者白宫官员的压力，不对民众进行安检就让其进场又会怎样呢？对于这个问题，特罗塔这样回答："如果有7万人，我们不可能也不需要让所有的人都经过金属探测器的检查，因为有些人并不会对受保护人的安全构成威胁。"

　　但是如果暗杀就是因为有人没有经过安检才发生呢？特罗塔看起来不太自在，但他还是继续聊了下去，他说还是可以有其他的办法。

196

"比如说总统去一个体育竞技场或体育馆,他可能只是待在一个包厢里,"特罗塔说,"我们假设,他在三垒位置的包厢,那么在一垒和中场的人不可能伤害到他,但是他周围的人可能会。所以我们只要检查那个区域,关键保证没有人换位置,就可以确保安全。"

难道特罗塔没听说过一个持枪歹徒离开座位去向总统开一枪或者扔一颗手榴弹吗?当特工们得知特罗塔关于放弃使用金属探测器的理论时,他们简直不敢相信他的话。

"危险分子因为距离总统太远而不会造成危险这种说法真是让我十分震惊,不使用金属探测器就让那些家伙入场真是叫人难以置信,"一位特工说,"想象一下,假如三四个自杀性袭击者一边开火一边冲进来会怎么样。"

"我不敢相信防护性军事行动主管居然这么说,"这位特工说,"感谢上帝你把这些都记录了下来,因为如果意外发生了,他将是第一个在国会委员会面前作证的人。"

"说在一个 7 万人的集会上,并不是每个人都距离够近以致能射杀受保护者,这真是个可笑的回答,"另一位特工说,"我只是为从一名主管口中得到这样的答案感到尴尬。"

当奥巴马在达拉斯参加活动时,特勤局决定停止使用金属扫描仪,丹尼·蒂芬保,这位前 FBI 特工提出了批评。他说,特勤局如此松懈的内幕将很快传出去。

"那些想要伤害总统的人会等着特勤局在活动开始前关闭金属探测器的。"他说。

在活动开始之前关闭金属探测器已经够雷人的了,更雷人的是 2009 年 4 月 6 号,拜登副总统在康顿棒球场为巴尔的摩金莺队投出赛季第一球时,在场的 4 000 多名球迷都没有经过安检。并且,拜登会出席的消息事先已经发布出去了,而他站在投手区时连防弹背心都没穿。

"持枪歹徒可能在我们还没有反应过来的时候就向拜登发射数轮子弹了。"一位对特勤局如此松懈感到十分愤怒的特工这样说。据这位特工称,在巴尔的摩这次活动之前,拜登安保小组的高级主管决定"我们不需要金属探测器",驳回了拜登安保小组特工和巴尔的摩办事处的要求。

除了安保系统本身的脆弱,拜登本人还坚持使用 2 辆车而不是通常的 8

辆车的特勤车队，特别是在去德拉瓦州时，他甚至连正常警力协同都不想要。"他不懂得保护的必要，"一位特工说，"我们的上头没有主心骨，他们应该解释保护的必要性并坚持让他接受保护，而不是妥协。"

拜登缺乏安全意识在 2009 年格里迪隆晚餐和记者的谈话中可见一斑。他暴露了设在副总统宅邸下的特级机密暗堡的位置。后来拜登尝试补救，说他谈论的是他的前任狄克·切尼在宅邸高层的一间书房。但是特勤局给特工们发电邮提醒他们，拜登泄漏了副总统宅邸的地下暗堡。

"副总统这么做真是令我们吃惊，"一位特工说，"要是我们也这样，我们会被起诉的。"

当提到取消金属探测器的决定时，一位特工说："特勤局是在撤销对抗暗杀的第一道防线。他们可以说不用金属探测器没关系，但是要是总统或副总统被杀了，那问题就大了。"

像特罗塔承认的，放弃金属检测的决定曾经被推翻。而且，随着总统出行的增加，特勤局要在先遣工作上下更多工夫了。在小布什总统快离任时，他几乎每天都会出行。仅 2008 年，他就出访了 30 个国家。

2008 年 4 月，小布什总统进行了跨五大洲的 20 国访问。"在那个月，我们每天都有任务，不仅要保护前总统，而且教皇也会来；因为教皇的到访，也会有各国元首来到美国，这些人物都需要我们保护，"特罗塔说，"然后我们又要准备在迈阿密举行的加勒比峰会，还有新奥尔良的北美峰会，然后是漫长的总统大选。"

但是特罗塔不认为这些繁重的任务缩减了保护力度，也不认为这导致金属探测器被取消，他也拒绝承认由于厌倦超负荷运转，有经验的特工纷纷离职。"如果有的特工离职了，那并不是特勤局管理的错，"他说，"并且，有人离开未尝不是好事。"

"特工们会看看工作量，再看看工资，但是有时他们也会考虑自己生活的质量，"特罗塔对我说，"但是这份工作就是这样。我们对美国公众有责任，有时候就要付出代价：要长时间工作，四处出差，错过家人的生日派对，等等。最后有的特工说，'我做不下去了。'这时他们要做出选择，他们选择离开，也没有关系。"

当谈到特工的武器时，特罗塔不想多说，他说这些问题要由培训机构决定。

"他们才是专家。"他说。

值得注意的是，负责保护总统和副总统候选人的助理主管居然对特工配备的武器漠不关心，而保护工作是否能够成功则与之息息相关。而事实上特勤局并没有配备 FBI、陆军甚至连铁路警察都配备了的武器。

一位特工说："当我们参加武器培训时，每一位指导都要求我们在上交的评价表武器一栏填成 M4 卡宾枪。但我们用的是 MP5 冲锋枪，事实上我们在火力上已经被敌人压倒了。"

特罗塔对于特工的武器是否有效、对于日益升高的特工流动率以及对于放弃金属检测的漠不关心，体现了一种"自欺欺人"的内部环境。事实上，特罗塔应该看到金属探测器的功效，并坚持"所有人都要进行安检"，那么他将会发现在重大活动时取消使用探测器是多么大的错误。

事实上，取消使用金属探测器差点让小布什总统在 2005 年 5 月 1 日遇害身亡。当时他正在佐治亚第比利斯的一个公共广场进行演说，一个男人向他扔了一颗手榴弹。由于金属检测器被关闭了，这个人可以携带手榴弹进入小布什的演讲现场。

"佐治亚警方在会场周围设置了金属探测器，"FBI 国际合作部主管，负责调查这次事件的托马斯·V. 富恩特斯这样说，"他们对大约一万人进行了检测，而但还有大约 1.5 万人准备入场。他们意识到总统开始演说时这些人将来不及入场，于是他们将金属探测器关闭，让每个人都入了场。"

这颗手榴弹落在布什演讲的讲台附近，但是没有爆炸。据目击者说，一个戴着围巾的男人从黑夹克里掏出一颗军用手榴弹。他拔下安全针，用围巾把手榴弹包起来，把它扔向了小布什。

当手榴弹内部的引线拉开时，手榴弹就会爆炸。但是由于引线卡住了，所以当手榴弹落地时没有发生爆炸。这颗炸弹经过检查后，FBI 认定如果它爆炸一定会杀死小布什总统。如果所有的人都接受了扫描，这颗手榴弹一定会被发现的，小布什的生命就不会处在危险之中了。

"我们可能在眨眼间就失去最重要的受保护人，但是在培训中这件事从不会被提起。"一位安保小组的特工说。

在此之前，因为没有对周围的人进行安检，里根总统、福特总统、罗

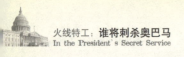

伯特·肯尼迪议员和乔治·华莱士州长都曾面临过暗杀的威胁。

"如果有人企图对总统进行自杀性袭击，除非进行了金属探测检查之外你没有别的应对方法。"前特工主管戴维·萨利巴说。

从特罗塔对安保系统存在问题的漠视，可以看出特勤局并不会承认也不会解决这些会打击特工士气的问题。同样的，当问到特勤局主管马克·苏利文关于特工流失率和士气低落的问题时，他说，情况太糟糕了。

"这样长时间工作是很难的，"苏利文说，"我们都这样工作过，我知道那是什么感觉。我现在已经做了25年特工了，我不会让任何人做我自己不会做的事。我也知道他们要经常出差，他们会离家很远，他们常常加班，说实话这不是一份容易的工作。"

"如果特工做的是一项简单的工作，那么任何人都可以来做。但是事实上并不是所有人都能做到，"他说，"我想这是因为我们的人具有特殊的品质，他们对工作的自豪感驱使他们努力工作。我们尽可能为他们减轻压力，为他们提供足够的人手支持，以保证他们不需要再付出更多的时间。"

虽然苏利文是一位值得人尊敬的特工，但他并没有足够的管理技巧来解决特勤局内的问题，他同样也没有意识到降低成本在何种程度上会威胁到特工和他们保护对象的安全。事实上，苏利文否认特勤局降低成本这一说法。

"为完成保护任务，我们绝不会降低成本，"这位局长说，"我告诉你，我们永远不会让任何人置于危险的境地，因为我们承受不起这个责任。我们会保证为了完成任务做出一切可能的努力，而且我认为我们已经做到了。"

第**29**章

虚报数据
黔驴技穷的特勤局

STATE OF THE UNION

为了给国会留下良好印象，1924—1972 年时任 FBI 局长的 J. 埃德加·胡佛会将当地警察侦破的汽车偷窃案件也算成自己的功劳。但与此同时，胡佛却无视一些最大的威胁，比如有组织的犯罪和政治腐败。部分原因是由于执行这些任务需要花费更多时间和人力。

特勤局也有相同的毛病。和胡佛一样，特勤局局长夸大逮捕罪犯的数据，将动了手脚的数据自豪地呈现在国会和民众面前，好让自己看起来很有面子。2008 年，特勤局逮捕了 2 398 名制造假币的嫌疑犯，而因其他经济犯罪被捕的有 5 332 人。但事实上，这些数据水分很大，因为其中包含很多所谓的拘押行动，也就是地方警署抓捕了制造假币或其他经济犯罪的嫌疑犯后，会通知特勤局，而特勤局将这样的案件也算成自己的功劳。

"如果你被派到地方，上头会极力要求你同当地警署保持联系。当地警察逮捕到嫌疑犯，管他是州级别的还是地方级别的，都要第一时间通知你，"一位经验丰富的特工说，"然后你要写些必要的报告，实际上就是在给自己揽功。"

"他们如此张扬的原因在于这样可以在国会面前炫耀特勤局的辉煌战绩，"一位后来加入另一家联邦机关督察室的前特工说，"他们把警察报告和笔录复印一份，然后就这样了。但 FBI 不这样做。那只是个骗人把戏。"

而且，他们并不去根除重犯。"总的来说，要的就是数量，"一位特工说，"我们很少去追捕大鱼。我们很少去侦查涉及假币和盗窃信用卡罪案源头的相关大案要案。"

当被问到特勤局收录地方警署案件用以夸大数字一事时，特勤局发言人，埃德·多纳万没有给出答复。

起初特勤局同时担任执法机关和安保机构的双重角色，这是一个关乎合法和合理性的问题。照惯例，FBI 将所有伪造案件的研究工作留给特勤局，自己则负责由特勤局调查的其他金融犯罪。当时由于保护工作需求力度时高时低，特勤局在对自己的双重身份的轻重分配上也进行弹性处理。特勤局可以在需要时随时从调查部借调人手。保持驻外办每日与当地执法机关的紧密联系对总统出行此地期间的安保工作有所裨益。

特工们说，结束了许多夜在雪佛兰萨伯曼车中漫长的保卫工作后，他们希望可以最终回到调查工作上。作为罪案调查一部分的侦讯工作能提升特工的应对技能，以便更好地排解总统可能面临的威胁。很多特工曾是警务人员，不过大多数人还是没有这种经历。通过参与罪案研究，他们可以学会从身体语言和眼部动作来判断侦讯对象是否在骗人。

将罪案调查和保护行动结合的意义在于，作为一个犯罪调查人员，"你能学到基础知识，"尼克·特罗塔说，"你懂得考虑自己和伙伴的安全。在外执勤时你能迅速思考灵活应变，并能了解罪犯的思考模式——不管是造假案还是金融诈骗案。我想我们的双重身份是我们独特的所在。正是这一点让我们的特工在综合工作中都能保持高效率和高成果。

而不利之处在于特工们经常会因为在执行保护任务，无法与检察官会面或者无法出庭。

"你可能即将参与一场大案调查，但是如果被分配去执行保护任务，你可能就会从小组里被抽调出来，最终站在梅约医学中心的门厅，保护一个小国的国王进行前列腺检查。"一位前特工说。

因此，美国律师都很惧怕和特勤局特工一起工作。

更大的问题是，特勤局盲目给予犯罪调查部更大管辖控制范围，赋予安保部门更多责权的同时，并没有相应地增加人手和预算。这更多是管理的问题，而不是那些通常机敏、勤勉的特工的责任。比起对待任何其他执法机构的特工，一起合作过的 FBI 特工都特别钦佩特勤局特工。

除了执行正常任务，特工们还能通过心肺复苏术拯救生命，阻止谋杀并逮捕交通肇事逃逸者。就如特工帕特里克·苏利文一个下午在纽约做的一样。当时他驾车行驶在罗斯福快速道路上，看到前面一辆车正高速向北行驶。在威廉斯堡大桥下的路边，一个人正更换车胎。行驶的车辆撞上了

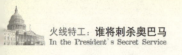

路边停靠的车辆，司机也被撞飞了。

苏利文用无线电和纽约办事处通话，要求加派警力支援并呼叫救护车。他打开红色警灯，启动警笛，在城中追赶肇事车辆，终于在联合国总部门前的第一大道抓住了他。苏利文拔出手枪并出示徽章，命令肇事者下车并扣押他直到警察抵达。后来受害者活了下来。

在其他案件中，特工需要在非常规情况下保卫受保护者免受伤害。1978 年 5 月的一天，年轻的艾米·卡特在弗吉尼亚州麦克林的埃塞尔庄园参加埃塞尔·肯尼迪年度希科山宠物秀。一只 3 吨重的大象"苏茜"忽然冲向了她。在所有人惊慌失措时，一名特工一把揽起艾米并把她带到了安全地带。

除了因公殉职的特工，很多特工在海外执行保护美国官员任务时都感染了类似登革热这种无法治愈的热带疾病。必要时特工们真的会连衬衫都脱给受保护人。当年在乘坐豪华车去往安纳波利斯途中，比尔·克林顿因道路颠簸而将咖啡都撒在了衬衫上，特工哈罗德·俄文恩就是这样做的。

"特勤局对那些在特定道德守则下成长起来的人而言具有特别的吸引力，"负责新特工培训，后来成为特工主管的前特工诺姆·贾维斯说，"那些道德守则的意思为，一个愿意保护自己生命的人也甘愿奉献出自己的生命。特工们受到的培训则不一定会这样说，'当你听到这些，你需要这样做：你听到枪响时，这是第一；第二，就是替总统挡子弹。'这是基本的，你天生就会这样。"

"当你宣誓就职，你要明白一旦发生刺杀事件，你就应该为了保护总统，站在他前面。但是，"他说，"我从来不认为这需要思考，你就会这样做。"

"特勤局最伟大之处在于这里的人，"前特工皮特·道林说，"莫名其妙地，我们就能找到这些对使命高度负责的高素质人才。"

没有人知道，是因为持枪歹徒觉得他的计划太冒险，还是特勤局没收了他的武器，才使那些刺杀得以避免发生。除了众人皆知的大案，总统和其他受保护人还一直都是许多其他鲜为人知的密谋暗杀目标。比如有一次，在爱德华·M. 肯尼迪 1979 年总统竞选期间，特工们制服了一名在参议院办公室接待室中的持刀女子。

"特勤局提前制止犯罪行动发生的难度要比事后调研大得多。"FBI 主管罗伯特·S. 穆勒告诉我说。

纵然特勤局特工效率曾经如此之高，他们的能力的确因管理的缩减开支而减弱，尤其是在对安保工作需求越来越大的今天。然而他们仍拒绝承认特勤局已经无法很好地完成他们义无反顾承担下来的所有职责了。就如同 FBI 主管 J. 埃德加·胡佛能用优秀的公关掩盖局里的短处一样，特勤局也成功地营造了其事实上并不应得的完美无缺形象。

就连胡佛对适宜着装的严格坚持和对白衬衫的执著热情也在特勤局的管理上体现了出来。在 2008 年 7 月被任命为调查局副局长后与特工们的第一次交流时，基思·普鲁伊特说特工们在出差时应该穿得像个特勤局特工。但是特工们指出说，要抓住企图劫持飞机的歹徒，其中一个方式就是尽可能穿得休闲，不要让歹徒察觉坐在他身旁的是一个执法机关工作人员。

一方面，胡佛的管理方式和特勤局的不同：胡佛鼓励人们对他和组织的忠诚。而特勤局式的管理则鼓动不信任和犬儒主义，因此导致了士气低落。

在解释这种造成反效果的氛围时，有特工说，特勤局工作人员宁可保持现状也不会兴风作浪地捣乱。如此，他们就能保留和延续更多晋升机会，为自己赢得私营机构的高薪工作。同时，驻外办事处的特工主管大可开宝马、雷克萨斯、考维特和捷豹等在逮捕行动中截获的车辆。据规定，这些车可以用于卧底工作。事实上，它们很少被这样使用。特勤局应该把这些车卖掉为财政部筹资，而不是把它们用作高层特工的座驾。

"如果有人在 FBI 这样做，我们就会有麻烦了，"一位前 FBI 助理主管说，"在 FBI，这些车辆可给卧底使用。而外办主管是绝对不可能开的。"而且如果一次逮捕行动是由地方警署进行的，FBI 是不会占便宜的。

特勤局特工相信，如果他们提出他们的担忧并指出存在的缺点，他们会招致恶果的。"管理层会把他们当成闹事分子或者用特勤局经典的报复招数对付他们，最常见的是把他们派往最不合意的驻地或者不予晋升，或者二者皆有，"一位特工说，"每一个在总部的人都把这份工作当成得到更好工作的垫脚石。如果你提出一个议题，这会浪费你的时间又会让他们整你。这带起了一种恐慌的氛围。"

1978 年，特勤局要求一位国家精神健康研究所前副主任，弗兰克·M. 欧时保来研究特工和他们的工作，看他们是否处于过度压力下。

"我发现他们面临的危险并不是主要的压力来源，"现在任密歇根州立大学心理学临床学教授的欧时保说，"然而，让他们不安的正是这种过度独裁的管理方式。他们不尊重特工也不会为特工着想。如为特工女儿的洗礼式或毕业典礼调整时间安排，这类的事情他们都不会做。他们的态度是，'你要做的不是质疑，你要做的是执行或者死亡。'"

听取了欧时保的建议后，特勤局停止了强迫特工在酒店房间同挤一室的做法。在那之前，睡在同一房间轮班的特工会叫醒同伴起床准备工作。但是除那个改进之外，后来别的问题变得更为严重。特勤局的管理风格变得越来越僵化、狭隘，甚至苛刻。一位离开特勤局转战其他联邦执法机构的特工宽慰地说："我终于能被当做成年人对待了。"

为了占得先机，特工们说，他们比其他组织更需要与领导打好交道——果汁（Juice）——意思是喜欢特工和主动与他们交际的高层。管理层的这种偏袒和区别对待在他们对一起黑人控诉特工歧视案的过度反应中进一步延续展现出来。在调查中，这起案件揭发了在 16 年内由特勤局员工寄出的 2 000 万封邮件里，带歧视评价或含种族歧视笑话的邮件 20 多封。2008 年 4 月，有一次一个黑人特工在罗利培训中心遭到一位白人指导套索对待。这位指导人员后来被调离。

尽管存在这些让人反感而孤立的问题，特勤局内黑人特工保持 17% 的比例，比起黑人占人口总量的比重——12% 要高得多。一个独立调查发现，1991 至 2005 年的每一年，美国黑人特工都比白人特工更快晋升至高级薪酬等级。事实上，25% 的主管都属于少数族裔。自 2001 年起，3 位黑人特工——基斯·普利维特、丹尼·斯普利格和拉利·考克尔担任了副局长——特勤局第二号人物。

"特勤局对多样性问题非常敏感，而且相关数据和对高位的任命也体现了这一点。"斯普利格说。

"我在底特律长大，从来没想过有一天可以和总统一起坐在他的豪华座驾里，可以每天待在白宫，可以搭乘'空军一号'。"一位担任主管的黑人特工雷金纳德·博尔说。

具有讽刺意味的是，一些被那起案件揭露的歧视性电子邮件是被雷金纳德·摩尔，一位指控特勤局歧视案件的原告特工寄出的。他寄出的一封邮件包含一个黑人妇女打女儿的笑话。

除了这些事实，特勤局还曾因对舆论反应过度，将几名还未够格的黑人特工提升到高层的位置。而其他黑人特工算得上是特工中的佼佼者，因此"反歧视"的确给组织里的每一个人和受保护者带来了伤害。

第**30**章

谁将刺杀奥巴马

如果你想到防止刺杀保障安全对我们国家是多么重要，那么每年特勤局花费账单上仅 14 亿美元（其中 2/3 用于安全防卫）的数字则看起来像是一个印刷错误。事实上，即便"9·11"事件后，特勤局的经费数量有了本质上的提升。但算上通胀后，其实它是减少了的。这还不包括为保护总统竞选和国家安全事件的补充拨款。

现在是这样一个时刻：资金充裕的恐怖分子已经取代独自行动的变态枪手成为美国官员的最大安全威胁；针对总统的威胁已经上升至以前的 400%。然而，特勤局并没有向国会申请更多的拨款，而是要求确保员工在捉襟见肘的人手和预算下依然保持工作质量，甚至让本已休息不足、日夜劳累的特工忙得更为不可开交。

不可避免地，当被问到特勤局是否需要更多资金时，苏利文局长将特勤局的情况与伊拉克驻军面临的挑战进行了比较。

"当然，"他说，"每个人都希望有更多预算。我看着我的预算，我在说，'天啊，我希望得到这个还有那个。'然后想想我们必须做出的牺牲。我是说我们毕竟处在两次战争之间。随后我读了当天《华盛顿邮报》的头版头条。我了解到几个士兵那天晚上睡觉的情况。他们就躺在水泥地板上，铺着可能一英寸厚的泡沫垫子做床垫。"

他说："这些人在为我们的国家战斗。他们并不知道，自己起床，过完明天之后，晚上还能不能活着回去睡觉。"

和在伊拉克的驻军不同，"我们绝对没有那么坏，"苏利文说，"而且每个人都要做好自己的本职工作。我想，我感激他们。我认为这个组织应该对那些为我们支付薪水的人负责。我们应该好好利用现有资源，竭尽所能地高效服务政府和人民。我认为我们就是这么做的。"

从苏利文把特勤局和那些 22 岁的伊拉克驻军作比较的做法可以看出特勤局管理有多么脱离现实。和那些伊拉克驻军不同，资深特工正面临私人企业提供 4 倍薪金的挖墙脚。

布莱恩·斯塔夫特主管是个明白人，他曾于 1999 年至 2003 年间担任特勤局头头。他意识到了这个资金问题。即便在"9·11"事件发生前，特勤局预算也会经历通胀调整后每年 25% 的增长。

"在担任主管期间，我做的第一件事就是挑选各地方办事处的特别主管，"斯塔夫特告诉我说，"我意识到我们的员工生活质量出现了问题，而且人员流失率日益升高。这并不是因为特工们对工作没有热情，而是他们根本没有自己的生活。"

随着预算的增加，斯塔夫特又招了 1 000 名特工。

"超时工作的现象实在太严重，"他说，"我们把人榨得太狠了。"

现在，如果特勤局还不改善曾逼走特工的工作条件的同时，也就损害了总统、副总统和总统候选人的安全：他们没有调派足够的人手，不能对所有人进行金属扫描。在政客爪牙施压下，观众可以不经过安检扫描就进入会场。

然而具有讽刺意味的是，特勤局发言人艾瑞克·扎克仁为其员工在 2008 年 12 月巴格达新闻发布会一名伊拉克记者向小布什总统扔鞋子事件上的表现进行辩护时说，当时没有武器被带入会场，所以说总统的生命并没有受到威胁。

诚然，正如那个令人尴尬的场景所表现的，只要总统坚持要亲近群众，特勤局就无法全然阻止所有事件的发生。总统和公众互动与保证安全之间的角力可以回溯到最早的总统任职时期。特勤局特工经常需要在做好完善的安保工作和看起来像盖世太保般过火之间寻求平衡。但缺乏最基本警惕和防御是不可饶恕的。像本该在福特剧院保护林肯总统的华盛顿警察居然溜出去喝酒的事件就是这样。

在电影《火线狙击》中克林特·伊斯特伍德饰演一名特勤局特工。特勤局相信在总统前往加利福尼亚的路程中将会遭遇一场暗杀总统的行动，但无法确定暗杀者。因此特勤局建议总统的参谋长取消这次旅程，不过被他拒绝了。

暗杀者——由约翰·马尔科维奇饰演——准备在西海岸举行的一个筹款宴会上谋杀总统。当时紧张气氛越来越浓。伊斯特伍德向他冲过去，随后在搏斗中受了伤。其实他替总统吃了一颗子弹。不过，像在现实生活中特工对总统和总统候选人所做的那样：允许未接受安检扫描的人进入活动现场，这样的事情则比这个 1993 年的电影中描述的显得更为无可救药地鲁莽及愚昧。

当时对一位来访联合国大会的国家元首，特勤局只派出 3 名特工给予保护。即便可以向其他机构寻求帮助，他们也不会这样做，宁愿在刺杀事件发生的概率上玩起掷骰子一般的运气游戏。

"这是我们顽固不化领导方式的另一个例证。他们老是说'我们可以做到，我们不需要帮助；我们是伟大神圣的特勤局'，"一位被派去联合国大会的特工说，"他们一直都抱有这种对特工和保护对象的安全会造成伤害的态度。"

一边特勤局在对待特工和探测器的预算上极其吝啬，另一边他们为打动国会，浪费纳税人钱财而让特工为地方警署成千上万的逮捕案件撰写报告。同样地，他们让特工违法地派遣非法移民在国土安全部部长家里干活；他们占地方警署的数字便宜；他们让特工自己填写体能测试报告；他们操纵培训过程，为打动国会和律师；他们鼓励不诚实、腐败这种在执法机关无处藏身的作风。这种欺诈的氛围与特勤局特工诚实的天性十分冲突。

将反突袭小组缩减成两人，同时又应员工要求允许小组远离受保护人，这些都表明特勤局只能应付单枪匹马的变态歹徒，而远远不是进行全面恐怖行动的对手。他们更多地使用 MP5 冲锋枪，而不是恐怖分子可能使用的火力更强的 M4 卡宾枪就进一步证明了这一点。特勤局对正规训练和武器使用再培训的无视——与 FBI 和军队相反——是对特勤局神圣使命的不敬和亵渎。有些时候，反突袭小组的成员超过一年没有练习过 SR-16 的射击。

"为什么在罗利中心的向贵宾、政治人物和其他人表演的展示要被反复演练？"一位重点贴身保护小组的特工问，"指导和监察人都知道，如果不排练的话我们看起来会像一群到处乱跑又不知道要做什么的傻瓜。"

为什么那么长时间以来像废除金属探测扫描这类事件没有被曝光？这

就好像,那么久以来 FBI 和 CIA 都在用所谓的"墙"当做借口来阻止信息共享,损害了局里发现并阻止恐怖袭击的能力;这就好像,明知会摧残美国经济并花费美国财政部几千亿美元拨款支援,投资银行依然接受不合格的按揭抵押;这就好像,证券和交易委员会漠视伯纳德·麦道夫在进行庞氏骗局的单独指控一样。

"如果这是一家私人公司,他们一定无法生存,"一位特工说,"但它是属于政府的,那么没有人要负责任。"

总统或总统候选人被暗杀的影响是不可估量的。如果亚伯拉罕·林肯没有被暗杀,那他的继任者安德鲁·约翰逊就不会破坏林肯再次联合整个国家并在重建时期给予黑人更多权利的努力;如果约翰·F.肯尼迪没有被暗杀,那么林登·约翰逊可能永远都不会当上总统;如果罗伯特·F.肯尼迪没有被刺杀并获得大选的胜利,那么理查德·尼克松可能永远都不会被选上。

从定义上来说,刺杀对民主和民主国家而言是一个威胁。诚然,特勤局管理层明白这项任务的重要性。在莱斯利·科菲尔特特工牺牲的 58 周年纪念日上,特勤局保卫行动厅厅长尼克·特罗塔为他写下了给所有特工的回忆备忘录。是科菲尔特在布莱尔国宾馆保护了杜鲁门总统,科菲尔特猛地一跳,靠着路边的货摊向杰斯里奥·特里索拉的头部开枪,阻止了一场可能发生的暗杀,但是科菲尔特伤重不治身亡。

在他的备忘录中,特罗塔写道:"我们的保护任务决不能出纰漏。我们的保护对象是国家需要我们不管付出一切代价都要保卫的人……我们在这里就是为了保证你能获得完成任务所需的一切帮助。"

这段写于 2008 年竞选前的备忘录以这样的话结尾:"在总统竞选前的几天,为竞选活动忙碌的特工们,你们的差旅还没有停止,你们对工作一定要保持警惕和高度集中。我们是无名特工、无名官员、无名英雄。即使没有掌声的鼓舞和轻拍肩膀的抚慰,我们也会继续做好我们伟大的工作。"

特罗塔把特勤局的使命渲染得璀璨夺目,可是他的语言却是空洞乏味。特勤局高层完全忽视了,是他们的失败管理破坏了他们使命的神圣,危及了受保护人的安全。

国土安全部监察长和国会都没有能透过特勤局光鲜坚韧的外壳发现他们的短处。然而只要总统继续在特勤局内部选派主管,这种负面的作风会

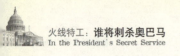

一直大行其道。

"我们的人手和设备都并不像他们宣传的那么充足，"一位资深特工说，"所以我们到现在还没发生什么事故实在是神奇，简直就是奇迹。"

大多数美国民众不了解保护总统、第一家庭、副总统和总统候选人的背后意味着什么。他们可能会在一个活动现场或者商场里的小店外看到特工——身着正装，耳边缠绕并延伸至衣领间的防泄密无线耳机。他们会想到早晨读到的新闻上说，总统或总统候选人来到了本城，然后忽然间他们的思想就回到了现实工作中。

如果特工看起来像是被街道上的喧闹拉过去了，各自顾盼着不同的方向，那是因为他们在转向成一种不同的气氛，一种高度警惕的模式。他们在过往人群中寻找不同寻常的对象——一个头戴奇怪的帽子，紧张地看向店里的男人。任何不平常的事，比如说冷天里满头大汗的人。

如果是一个好日子，特工们就能亲身验证约翰·米尔顿的诗句："站站等等，轻松效劳。"

更多的日子则并不是这样的。大部分时间他们要面对生死危机、苛刻要求以及密不透风的行动计划——多亏了特勤局自我毁灭的削减开支。那些担忧特勤局正处在困境的特工认为，只有一位从特勤局外部调来的主管才能做出全盘改变，为特勤局带来其所急需的行政作风和管理方式。

如果这种情况得不到改变，刺杀巴拉克·奥巴马或者未来总统将很可能发生。而一旦发生，一个新的"沃伦委员会"将会被指定组建来研究这场悲剧。到时候，人们会发现，特勤局面对全美民众给予的重责竟然如此玩忽职守，而这样的结局对那些勇敢虔诚的精英特工来说是多么的戏谑。

后 记

约翰·威尔克斯·布斯杀害了林肯总统后潜逃了 12 天，在此期间，联邦军队一直在对其进行追捕。1865 年 4 月 26 日，他被联邦军队击毙。他的 4 名同谋者，包括一名女性，被判处绞刑。

查尔斯·古提奥，这位于 1881 年 7 月 2 日枪杀了新上任的詹姆斯·加菲尔德总统的凶手，于 1882 年 6 月 30 日被绞死。

里昂·乔尔戈什，一名工人，他因枪杀威廉·麦金利总统，最终于 1901 年 9 月 6 日被执行电刑。"我杀总统是因为他是好人的敌人。那些善良的工人都是好人，"他在死前说，"我并不后悔我所做的一切。"

奥斯卡·柯拉索，这个企图枪杀杜鲁门总统的波多黎各民族主义者，于 1951 年 3 月被定为犯有一级谋杀罪，并被判处死刑。1952 年，在行刑前几周，杜鲁门将他的死刑改为终身监禁。他说，他不希望给波多黎各民族主义者增加一名殉道者。1979 年，卡特总统赦免了柯拉索，他以英雄身份回到波多黎各，于 1994 年去世。

1964 年，沃伦委员会确认了 FBI 关于李·哈维·奥斯瓦尔德独身一人枪杀肯尼迪总统的取证信息。在杀害肯尼迪两天后，奥斯瓦尔德在移交给警方时被杰克·卢比枪杀。

西尔汉·B.西尔汉因于 1969 年 4 月 17 日杀害罗伯特·F.肯尼迪，被判在毒气室中处死。在 1972 年加州最高法院取消了 1972 年前所有死刑后，他的死刑被改判为终身监禁。被囚禁在加利福尼亚州立监狱的西尔汉对假释委员会成员说："我真诚地相信如果罗伯特·肯尼迪还在世的话，他不会不公平地对待我。我相信他会第一个站出来，说不管我的罪恶多么深重，都不应该成为在这个国家的法律下否定我获得公平待遇的借口。"

亚瑟·布雷默在枪击并导致乔治·华莱士州长瘫痪后，被判处63年有期徒刑，后来被减刑至53年。在服刑35年后，他于2007年11月9日从马里兰州监狱获得假释。

布雷默从未解释他为何袭击华莱士。1997年，当他的假释请求被驳回时，他十分反对华莱士的种族隔离偏好。布雷默后来获得假释的条件之一就是他被禁止接近政治候选人或者政治活动场地。特工尼克·扎尔沃斯为了保护华莱士被布雷默射伤了喉咙，直到现在他的声音还因为枪伤后遗症听起来十分刺耳。在枪击事件后，华莱士公开请求公众对其种族隔离倾向的原谅，他死于1998年。

丽奈特·弗洛米因于1975年试图谋杀福特总统被判入狱。1979年，她用羊角锤尖锐的一头袭击了一名狱友。1987年12月23日，她从位于西弗吉尼亚奥尔德森的奥尔德森联邦监狱出逃，但是两天后就被抓住。之后，她在得克萨斯州联邦医疗中心服刑兼工作。虽然从1985年起就获得了保释资格，但她一直拒绝参加为自己争取假释的听证会。

1975年12月，萨拉·简·摩尔因企图杀害福特总统被判入狱。2007年12月31日，在度过了32年刑期后，她获得假释出狱。摩尔说她十分后悔自己针对福特总统的暗杀，解释说当时被"自己激进的政治观点冲昏了头脑"。福特总统于2006年12月26日去世。

在试图枪杀里根总统后，小约翰·W.辛克利于1982年6月21日因称患有精神疾病而获无罪释放。审判后，辛克利自称这次枪击为"人类历史上最伟大的爱。"在华盛顿圣伊丽莎白医院监禁期间，他被认定为可能随时伤害自己、影星朱迪·福斯特和任何第三方的"无法预料的危险人物"。尽管如此，2005年12月30日，联邦法官认定辛克利可以在父母陪同下造访他在弗吉尼亚威廉斯堡的家，但他要求更多自由的请求被驳回。

当一名嫌犯在格鲁吉亚首都第比利斯向小布什总统投掷了一

颗手榴弹后，FBI一一过滤了由一位当地大学教授拍摄的 3 000 张现场照片。FBI 发现其中有一张人物照片符合投掷手榴弹者的外貌特征叙述。格鲁吉亚警方将这张照片散发给媒体并把它张贴在各个公众场所。不久后，就接到了一个举报电话。"噢，我知道，那是我的邻居弗拉基米尔·阿鲁秋诺夫。"这位来电者说。2005 年 7 月 19 日，当地警方与 FBI 探员一起来到了嫌疑犯的住所。当他们靠近时，嫌疑犯向他们开枪并打死了一名格鲁吉亚警察。阿鲁秋诺夫承认，他发起袭击是因为他认为小布什对待穆斯林过于心慈手软。最终，他被判处终身监禁。

特勤局大事记

1865 年 6 月 5 日　特勤局成立于华盛顿。它的作用在于打击伪造货币。当时的局长威廉·P. 伍德由财政部长休·麦卡洛克直接领导。

1867 年　特勤局的职能增加"调查针对政府的欺诈案"。特勤局开始调查三 K 党。三 K 党成员违法制酒、走私、抢劫邮件车、进行土地诈骗，还犯有其他多种违法行为。

1870 年　特勤局总部迁至纽约。

1874 年　特勤局总部迁回华盛顿。

1875 年　特勤局使用新的徽章。

1877 年　国会通过法案，禁止伪造硬币、黄金和白银。

1883 年　特勤局被正式划分为财政部下属的独立分支。

1894 年　特勤局开始非正式、非全职地保护克里夫兰总统。

1895 年　国会通过关于伪造或持有伪造邮票的立法修正案。

1901 年　威廉·麦金利总统被暗杀之后，国会非正式要求特勤局保护总统。

1902 年　特勤局开始全面负责总统安保，派 2 名特工进入白宫全日保护总统安全。

1906 年　国会通过了《1907 年杂项民事费用法》，为特勤局提供资金保护总统。

1908 年　特勤局开始保护总统候选人。西奥多·罗斯福总统将特勤局移到司法部下属，组成了现在 FBI 的核心部门。

1913 年　国会批准对总统和候任总统的永久保护。

1915 年　威尔逊总统指示财政部长令特勤局调查美国的间谍活动。

1917 年　国会批准特勤局保护总统直系亲属，并将直接威胁总统的行为定为联邦犯罪。

1922 年　在哈丁总统的要求下，白宫警察队于 10 月 1 日成立。

1930 年　白宫警察队被归为特勤局管理。

1951 年　国会通过立法，批准对总统、总统直系亲属、候任总统和提出保护要求的副总统进行永久保护。

1961 年　国会批准对前总统进行一定时间的保护。

1962 年　国会增加资金，以支付副总统、总统接任者、候任副总统的保护费用。

1963 年　国会通过法案，决定对杰奎琳·肯尼迪与其 2 名孩子进行 2 年保护。

1965 年　国会将刺杀总统规定为联邦犯罪，并批准对前总统及其配偶进行终身保护，并保护其子女至满 16 岁。

1968 年　国会吸取了罗伯特·F. 肯尼迪遇刺案的教训，批准对主要总统和副总统候选人及提名人进行保护，批准对总统遗孀进行终身保护（再婚的除外），保护其子女至满 16 岁。

1970 年　白宫警察队被重命名为行政安保局，并被委以更多责任，包括对华盛顿的外国使馆提供保护。

1971 年　国会批准特勤局在总统指示下，对来访外国元首和官员提供保护。

1975 年　行政安保局开始保护驻美国的全部外国使馆。

1977 年　行政安保局于 11 月 15 日重命名为特勤局制服特警队（现俗称白宫特警队）。

1984 年　国会通过法案将利用信用卡和借记卡诈骗的行为定为联邦犯罪，同时批准特勤局调查与信用卡和借记卡相关的诈骗案件，诈骗人通常使用电脑或者伪造身份证。

1986 年　财政部警察队于 10 月 5 日被划分为白宫特警队下属。总统发布总统令批准特勤局对来访的外国首脑的配偶进行保护。

1990 年　司法部授予特勤局共同管辖权，与其执法组共同展开民事犯罪与刑事犯罪调查（主要针对联邦管制的金融机构）。

1994 年　通过了《1994 年犯罪法案》，美国司法部有权管制美国境内的任何制造、持有或买卖伪造美国货币的行为。

1997 年　《1994 年犯罪法案》生效，规定特勤局将对凡在 1997 年 1 月 1 日后当选的总统进行 10 年的保护，在此之前当选的总统将继续接受终身保护。

1998 年　国会通过《电话销售诈骗防制法》，扩大了特勤局和其他联邦执法机关的司法权。它规定没收欺诈所得财产，《禁止身份盗窃和假冒法》规定盗用身份为犯罪。对没通过批准便转移或使用另一人的任何身份证明，企图进行违法行为的人进行量刑。

2000 年　《威胁总统防制法》规定特勤局有权参与计划、协调和履行具有全民意义的国家活动的安保措施。

2001 年　《爱国者法案》给予特勤局更多的权力去调查使用电脑诈骗的案件。此法案批准特勤局设立专门的全国电子犯罪调查小组，协助执法部门和私营企业控制电脑犯罪。这项法案增加了针对制造、持有、交易和转让美元和外币的量刑，允许执法人员在打击恐怖分子或犯罪个人或组织的跨国金融犯罪的过程中，采取措施保护金融支付系统。

2002 年　国土安全局成立，2003 年 3 月 1 日特勤局由财政部下令转投新主。

2004 年　资深特工芭芭拉·里格斯成为特勤局史上第一位女局长。

2006 年　为了抵制高科技电脑犯罪，特勤局在全国范围内的电子犯罪调查小组由原来的 15 个扩大到 24 个。

2007 年　针对总统候选人巴拉克·奥巴马的保护从 5 月 3 日开始，这是特勤局保护总统候选人时间最长的一次。由于希拉里·克林顿前第一夫人的身份，在竞选总统前她也受到特勤局的保护。

2008 年 4 月 27 日　总统候选人约翰·麦凯恩开始受到特勤局的保护，而他在宣布乔·拜登与他搭档竞选副总统之前，乔·拜登及其妻子萨拉·佩林也受到特勤局保护。奥巴马于11月4日当选后，他的孩子，玛丽亚和萨莎，受到特勤局的保护。

2009年1月20日　巴拉克·奥巴马成为美国第45任总统。

致　谢

　　我的爱妻，帕米拉·科斯勒，是我生活和工作的良伴。她曾是《华盛顿邮报》的记者，写过一本讲述华盛顿特工的书，名为《华盛顿卧底》。是她想出了《火线特工》这个书名。她陪我一起在特工培训中心和华盛顿总部对几名重要特工进行采访。她为本书赋予了生动的语言，对手稿进行了最初的编辑。我对她的爱和明智的决断表示感激。

　　我的孩子们，瑞秋和格雷格·科斯勒，在我写作的过程中给了我最大的爱和支持。我的继子，米克·怀特海，是我们的小团队中最忠诚和最惹人喜爱的一员。

　　玛丽·科特保斯基，皇冠出版社副出版经理对我的终稿进行了精妙的编辑。她和这本书的前编辑杰德·唐纳休为我提供了极大的鼓励和指导。在出版业，玛丽和她的团队是战无不胜的。

　　罗伯特·高提列伯，三叉戟传媒的主席，我能有他当代理人是十分幸运的。自1991年起，罗伯特就成为我的写作生涯最坚定和最重要的支持。

　　我已经收集关于特勤局的资料很多年，而真正有了写作这本书的念头，是因为有多位特工告诫我特勤局的管理问题。他们的出发点是好的，想改善特勤局的管理和体制，从根本上制止暗杀事件的发生。那些都助过我的特工，他们是先驱者，我由衷地尊敬和感谢他们。

　　特勤局十分配合我的写作，这是唯一一本描写特勤局且获得

222

官方配合的书。一开始我便表明会在书中提到特勤局存在的问题。基于对我之前的作品的了解，特勤局管理层相信我会准确公正地塑造特勤局的形象。

特勤局为我和局内高管安排了多次见面，带我参观并为我讲述特勤局培训中心以及总部最机密的部分，允许我和前特工面谈，为我提供了大量图片和数据。

特勤局局长马克·苏利文、政府与公共事务部副部长詹姆斯·W.麦卡林、负责华盛顿总部的特工艾瑞克·P.察伦和负责华盛顿总部的特工助理埃德温·唐纳万，我对你们提供的帮助表示深深的感谢。

最后，对于接受我采访的一百多名现任和前任特工，我表示衷心的感谢，你们有些人留下了名字，一些则默默无名，是你们向我完整地描述了作为美国民主堡垒的特勤局的模样。我希望书中提出的问题可以引发一场改革，以避免灾难性暗杀的发生。

罗纳德・科斯勒作品名录

《反恐行动观察》

《劳拉・布什传》

《小布什传：本性使然》

《战时 CIA》

《FBI 秘史》

《棕榈滩季节》

《国会内幕》

《肯尼迪王朝》

《白宫内幕》

《FBI 内幕》

《CIA 内幕》

《逃离 CIA》

《俄罗斯俱乐部的间谍》

《莫斯科火车站》

《美俄间谍终极对决》

《世界首富：阿德南・卡索吉传》

《命悬一线》

唯一得到两党特许全程贴身跟踪选战
《新闻周刊》资深记者团队连续几届大曝当选总统秘闻

★ 用犀利的笔锋点评全球热点问题
★ 用敏锐的眼光洞察政坛风云变幻
★ 用缜密的思维解读问题背后的真相

自 1984 年以来,《新闻周刊》(Newsweek)
就因深刻与及时的美国总统竞选全程跟踪报道而
闻名于世。在每次大选开始的前一年,周刊的特
派记者就开始追踪报道共和党和民主党的总统候
选人。《新闻周刊》对共和党和民主党承诺,在
大选结果揭晓前绝不透露候选人的竞争手段与策
略。作为交换条件,周刊记者获得特许报告通
道——可以全天候不分日夜追踪候选人,参加竞
选团队的内部会议,了解相关报道的真实内幕,
披露选举中的绝密报告。

本书聚焦于奥巴马如何实现自身飞跃以及使
其成为美国政坛史上耀眼新星的那些人、那些事、
那些新技术手段……

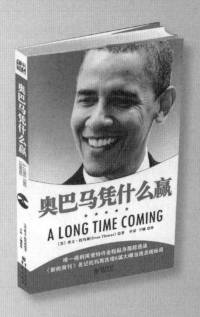

〔美〕埃文·托马斯 著

中雷 宁娜 译

重庆出版社

策 划:中资海派

定 价:28.00 元

每个人都想探究那个秘密:
奥巴马凭什么赢? 希拉里为什么败? 麦凯恩为什么输?

奥巴马当选总统靠的是变革的口号,他号称要带领美国走向未来。奥巴马究竟
是一个什么样的人? 他会成为一个什么样的总统? 将把美国带往何处? ……他将决
定今后世界的走向。本书也许会提供一些线索。

——乔恩·米查姆 美国《新闻周刊》主编
著名政治评论家、畅销书《罗斯福与丘吉尔》作者

埃文·托马斯把多年来对美国大选的观察思考浓缩于《奥巴马凭什么赢》这本书,
值得每一位对美国政治和国际关系感兴趣者阅读思考。

——林宏宇
国际关系学院教授、美国知名政治专家斯坦福大学胡佛研究所高级访问学者

能让产品"卖出去"和"卖上价"的销售秘笈

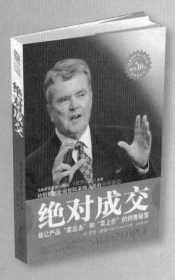

[美] 罗杰·道森 著

刘祥亚 译

重庆出版社
策 划：中资海派
定 价：38.00 元

克林顿首席谈判顾问、《优势谈判》作者特别奉献给销售和采购人员的谈判圣经

★ 面对"只逛不买"的顾客，如何激发他的购买欲？

★ 面对迟疑不决的买主，如何促使他迅速作出决定？

★ 面对死砍价格的对手，如何巧妙应对？

★ 面对百般刁难的供应商和渠道商，又该如何招架？

翻开这本国际谈判大师罗杰·道森的经典之作，你很快就会知晓答案。在书中，罗杰·道森针对销售谈判中涉及的各种问题，提出了 24 种绝对成交策略、6 种识破对方谈判诈术的技巧、3 步骤摆平愤怒买家的方法、2 种判断客户性格的标准等一系列被证实相当有效的实用性建议。书中生动真实的案例俯拾即是，不论你是营销大师，还是推销新卒；不论你是企业高管，还是商界菜鸟，本书都值得你一读，它不仅教会你如何通过谈判把产品"卖出去"，还可以让你的产品"卖上价"，进而大幅提高销售业绩和企业利润。

赚了对方的钱，还能让对方有赢的感觉

道森是全美最权威的商业谈判教练，他在商务谈判领域罕逢对手，他的关于商务谈判方面的理论已成定律，而他所著的《优势谈判》与《绝对成交》更是值得细品的经典之作。

——《福布斯》

罗杰·道森是我合作过的最有才华的伙伴，睿智、机敏、精力充沛……他的那些中肯建议，对我来说，是不可或缺的精神力量。不可否认，在谈判方面他总是镇定自如，与对手交锋时总是有条不紊，冷静，适可而止，连对手也敬佩他的智慧！

——比尔·克林顿

畅销 10 年
当当、卓越五星畅销图书
《优势谈判》《绝对成交》作者

拥有这本薪酬谈判实战攻略，这些问题都将迎刃而解。

★ 如何让雇主迅速作出录用你的决定？

★ 如何让老板心甘情愿提供你所期望的薪酬待遇？

★ 如何让员工主动在薪酬上作出让步？

★ 如何在薪酬谈判中轻而易举识破对方的伎俩？

★ 如何在薪酬谈判中得到你想要的，同时让对手有赢的感觉？

……

作为员工，你得到自己应得的薪酬了吗？王牌谈判大师罗杰·道森将告诉你怎样从雇主那里争取更好的待遇，并且让自己变得更有价值。你可以通过本书学会如何更好地把握自己的职业生涯，并最终得到自己想要的一切。

作为老板，你的员工尽全力为你工作了吗？王牌谈判大师罗杰·道森将告诉你怎样在支付合理薪水的同时大大激发员工的工作热情。花最少的钱，得到最大的效益。

这本书并不会让你变得贪婪、咄咄逼人，或者急功近利。事实上，你将学会怎样在薪酬谈判中占据上风，同时取得双赢局面。

〔美〕罗杰·道森 著

刘祥亚 译

重庆出版社

策 划：中资海派

定 价：32.00 元

王牌谈判大师的薪酬谈判秘诀

罗杰·道森是我合作过的最有才华的伙伴，睿智、机敏、精力充沛……他的中肯建议，对我来说，是不可或缺的精神力量。不可否认，在谈判方面他总是镇定自如，与对手交锋时总是有条不紊、冷静、适可而止，连对手也敬佩他的智慧！

——比尔·克林顿（美国前总统）

短信查询正版图书及中奖办法

A. 电话查询
   1. 揭开防伪标签获取密码，用手机或座机拨打4006608315；
   2. 听到语音提示后，输入标识物上的20位密码；
   3. 语言提示：您所购买的产品是中资海派商务管理(深圳)有限公司出品的正版图书。

B. 手机短信查询方法(移动收费0.2元/次，联通收费0.3元/次)
   1. 揭开防伪标签，露出标签下20位密码，输入标识物上的20位密码，确认发送；
   2. 发送至958879(8)08，得到版权信息。

C. 互联网查询方法
   1. 揭开防伪标签，露出标签下20位密码；
   2. 登录www.Nb315.com；
   3. 进入"查询服务""防伪标查询"；
   4. 输入20位密码，得到版权信息。

中奖者请将20位密码以及中奖人姓名、身份证号码、电话、收件人地址和邮编E-mail至my007@126.com，或传真至0755-25970309。

一等奖：168.00元人民币(现金)；
二等奖：图书一册；
三等奖：本公司图书6折优惠邮购资格。
再次谢谢您惠顾本公司产品。本活动解释权归本公司所有。

读者服务信箱

感谢的话

谢谢您购买本书！顺便提醒您如何使用ihappy书系：
◆ 全书先看一遍，对全书的内容留下概念。
◆ 再看第二遍，用寻宝的方式，选择您关心的章节仔细地阅读，将"法宝"谨记于心。
◆ 将书中的方法与您现有的工作、生活作比较，再融合您的经验，理出您最适用的方法。
◆ 新方法的导入使用要有决心，事前做好计划及准备。
◆ 经常查阅本书，并与您的生活、工作相结合，自然有机会成为一个"成功者"。

<table>
<tr><td rowspan="9">优
惠
订
购</td><td colspan="2">订 阅 人</td><td colspan="2">部 门</td><td colspan="2">单位名称</td><td></td></tr>
<tr><td colspan="2">地 址</td><td colspan="5"></td></tr>
<tr><td colspan="2">电 话</td><td colspan="3"></td><td>传 真</td><td></td></tr>
<tr><td colspan="2">电子邮箱</td><td colspan="2"></td><td>公司网址</td><td>邮 编</td><td></td></tr>
<tr><td rowspan="2">订
购
书
目</td><td colspan="6"></td></tr>
<tr><td colspan="6"></td></tr>
<tr><td rowspan="2">付
款
方
式</td><td>邮局汇款</td><td colspan="5">中资海派商务管理(深圳)有限公司
中国深圳银湖路中国脑库A栋四楼　　　　　邮编：518029</td></tr>
<tr><td>银行电汇
或 转 账</td><td colspan="5">户 名：中资海派商务管理(深圳)有限公司
开户行：招行深圳科苑支行
账 号：81 5781 4257 1000 1
交行太平洋卡户名：桂林　　卡号：6014 2836 3110 4770 8</td></tr>
<tr><td>附
注</td><td colspan="6">1. 请将订阅单连同汇款单影印件传真或邮寄，以凭办理。
2. 订阅单请用正楷填写清楚，以便以最快方式送达。
3. 咨询热线：0755-22274972　　传 真：0755-22274972
E-mail：szmiss@126.com</td></tr>
</table>

→利用本订购单订购一律享受9折特价优惠。
→团购30本以上8.5折优惠。